드림중국어 테마별 중국어 단어 6000

(주제별로 배우는 중국어 단어 60가지)

梦想中国语 中文分类单词 6000

（60种中文单词分类速记）

드림중국어 테마별 중국어 단어 6000 (주제별로 배우는 중국어 단어 60 가지)

梦想中国语 中文分类单词 6000 (60 种中文单词分类速记)

종이책 최신판 발행   2023 년 08 월 08 일
전자책 최신판 발행   2023 년 08 월 08 일

편저: 드림중국어
디자인: 曹帅
발행인: 류환
발행처: 드림중국어
주소: 인천 서구 청라루비로 93, 7 층
이멜: 5676888@naver.com
등록번호: 654-93-00416
등록일자: 2016 년 12 월 25 일

종이책 ISBN: 979-11-93243-35-0 (13720)
전자책 ISBN: 979-11-93243-36-7 (15720
값: 38,800 원

이 책은 저작권법에 따라 보호받는 저작물이므로 무단복제나 사용은 금지합니다. 이 책의 내용을 이용하거나 인용하려면 반드시 저작권자 드림중국어의 서면 동의를 받아야 합니다. 잘못된 책은 교환해 드립니다.

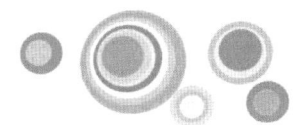

목 록

순서	내용 (주제별로 배우는 중국어 단어 60 가지)	페이지 수
1	**주택** 관련 중국어 단어 100	1
2	**거실** 관련 중국어 단어 100	4
3	**침실** 관련 중국어 단어 100	7
4	**주방** 관련 중국어 단어 100	10
5	**욕실** 관련 중국어 단어 100	13
6	**전자기기** 관련 중국어 단어 100	16
7	**의류** 관련 중국어 단어 100	19
8	**화장품** 관련 중국어 단어 100	22
9	**신체** 관련 중국어 단어 100	25
10	**가족** 관련 중국어 단어 100	28
11	**채소** 관련 중국어 단어 100	31
12	**중국 요리** 관련 중국어 단어 100	34
13	**한국 요리** 관련 중국어 단어 100	37
14	**과일** 관련 중국어 단어 100	40
15	**동물** 관련 중국어 단어 100	43
16	**직업** 관련 중국어 단어 100	46
17	**수상교통** 관련 중국어 단어 100	49
18	**대중교통** 관련 중국어 단어 100	52
19	**정부** 관련 중국어 단어 100	55
20	**공항** 관련 중국어 단어 100	58
21	**비행기** 관련 중국어 단어 100	61
22	**은행** 관련 중국어 단어 100	64
23	**쇼핑몰** 관련 중국어 단어 100	67
24	**서점** 관련 중국어 단어 100	70
25	**미용실** 관련 중국어 단어 100	73
26	**사무실** 관련 중국어 단어 100	76
27	**인터넷** 관련 중국어 단어 100	79
28	**온라인 쇼핑** 관련 중국어 단어 100	82

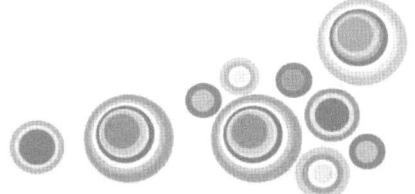

29	**배달** 관련 중국어 단어 100	85
30	**위챗** 관련 중국어 단어 100	88
31	**틱톡** 관련 중국어 단어 100	91
32	**운전** 관련 중국어 단어 100	94
33	**TV** 관련 중국어 단어 100	97
34	**학교** 관련 중국어 단어 100	100
35	**교실** 관련 중국어 단어 100	103
36	**운동** 관련 중국어 단어 100	106
37	**전공** 관련 중국어 단어 100	109
38	**우주** 관련 중국어 단어 100	112
39	**천문** 관련 중국어 단어 100	115
40	**지리** 관련 중국어 단어 100	118
41	**화학** 관련 중국어 단어 100	121
42	**음악** 관련 중국어 단어 100	124
43	**농업** 관련 중국어 단어 100	127
44	**자연재해** 관련 중국어 단어 100	130
45	**헬스장** 관련 중국어 단어 100	133
46	**낙관** 관련 중국어 단어 100	136
47	**비관** 관련 중국어 단어 100	139
48	**법률** 관련 중국어 단어 100	142
49	**시간** 관련 중국어 단어 100	145
50	**병원** 관련 중국어 단어 100	148
51	**건강검진** 관련 중국어 단어 100	151
52	**치과** 관련 중국어 단어 100	154
53	**거리** 관련 중국어 단어 100	157
54	**캠핑** 관련 중국어 단어 100	160
55	**낚시** 관련 중국어 단어 100	163
56	**경제** 관련 중국어 단어 100	166
57	**회계** 관련 중국어 단어 100	169
58	**보험** 관련 중국어 단어 100	172
59	**외교** 관련 중국어 단어 100	175
60	**면접** 관련 중국어 단어 100	178

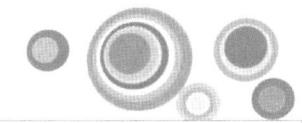

1 주택

순서	중국어	중국어 병음	한국어
1	房地产	fáng dì chǎn	부동산
2	住宅	zhù zhái	주택
3	房子	fáng zi	집
4	公寓	gōng yù	아파트
5	低层	dī céng	저층
6	高层	gāo céng	고층
7	复式	fù shì	복층
8	顶楼	dǐng lóu	탑층
9	新房	xīn fáng	새 집
10	销售	xiāo shòu	분양
11	商铺	shāng pù	상가,점포
12	独栋别墅	dú dòng bié shù	전원주택
13	联排别墅	lián pái bié shù	연립주택
14	商铺别墅	shāng pù bié shù	상가주택
15	空中别墅	kōng zhōng bié shù	펜트하우스
16	商住两用房	shāng zhù liǎng yòng fáng	주상복합,오피스텔
17	自建房	zì jiàn fáng	직접 지은 집
18	二手房	èr shǒu fáng	중고 주택
19	首套房	shǒu tào fáng	생애 첫 구매 주택
20	二套房	èr tào fáng	두 번째 구매 주택
21	江景房	jiāng jǐng fáng	강뷰 주택
22	海景房	hǎi jǐng fáng	바다뷰 주택
23	湖景房	hú jǐng fáng	호수뷰 주택
24	学区房	xué qū fáng	학세권 주택
25	地铁房	dì tiě fáng	역세권 주택
26	毛坯房	máo pī fáng	인테리어 안 된 주택
27	精装房	jīng zhuāng fáng	인테리어 된 주택
28	大平层	dà píng céng	단층 대형 평수의 아파트
29	写字楼	xiě zì lóu	오피스 빌딩
30	楼盘	lóu pán	부동산 매물
31	楼市	lóu shì	부동산 시장
32	买房	mǎi fáng	집을 사다

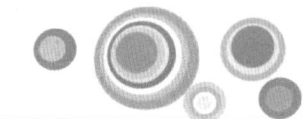

33	卖房	mài fáng	집을 팔다
34	房价	fáng jià	주택 가격, 집값
35	产权	chǎn quán	재산권
36	落户	luò hù	호적 등록하다
37	过户	guò hù	재산권 이전
38	贷款	dài kuǎn	대출
39	首付	shǒu fù	초기 계약금, 선도금
40	房贷	fáng dài	주택 구입 융자금
41	购房者	gòu fáng zhě	주택 구매자
42	开发商	kāi fā shāng	건설사
43	房产证	fáng chǎn zhèng	주택 등기부
44	房产税	fáng chǎn shuì	종합부동산세
45	按揭	àn jiē	담보 대출
46	房产中介	fáng chǎn zhōng jiè	부동산 중개
47	售楼中心	shòu lóu zhōng xīn	분양 사무실
48	租房	zū fáng	임대하다, 세내다
49	房源	fáng yuán	매물
50	房东	fáng dōng	임대인,집주인
51	房客	fáng kè	임차인
52	整租	zhěng zū	전체 임대
53	合租	hé zū	홈쉐어
54	租金	zū jīn	임대료
55	押金	yā jīn	보증금
56	年租	nián zū	연세
57	月租	yuè zū	월세
58	短租	duǎn zū	단기 임대
59	拎包入住	līn bāo rù zhù	풀 옵션 입주
60	小区	xiǎo qū	아파트 단지
61	户型	hù xíng	집 구조
62	采光	cǎi guāng	채광
63	朝阳	cháo yáng	남향
64	背阳	bèi yáng	북향
65	坐北朝南	zuò běi cháo nán	남향 집
66	三居室	sān jū shì	방이 3개 있는 주택
67	三室两厅一卫	sān shì liǎng tīng yí wèi	침실 3개, 거실 2개, 욕실 1개

68	玄关/门厅	xuán guān/mén tīng	현관
69	走廊	zǒu láng	복도
70	起居室/客厅	qǐ jū shì/kè tīng	응접실, 거실
71	卧室	wò shì	침실
72	主卧	zhǔ wò	안방
73	次卧	cì wò	작은 방
74	客房	kè fáng	손님 방
75	书房	shū fáng	서재
76	厨房	chú fáng	부엌
77	浴室	yù shì	욕실
78	主卫	zhǔ wèi	거실 화장실
79	次卫	cì wèi	안방 화장실
80	车库	chē kù	차고
81	阁楼	gé lóu	다락방,옥탑방
82	地窖	dì jiào	지하실
83	楼梯	lóu tī	계단
84	露台	lù tái	테라스
85	阳台	yáng tái	베란다
86	卫生间	wèi shēng jiān	화장실
87	儿童房	ér tóng fáng	어린이 방
88	冲淋房	chōng lín fáng	샤워실
89	健身房	jiàn shēn fáng	헬스장
90	锅炉房	guō lú fáng	보일러실
91	洗衣房	xǐ yī fáng	세탁실
92	娱乐室	yú lè shì	게임룸
93	储物间	chǔ wù jiān	탕비실
94	衣帽间	yī mào jiān	드레스룸
95	化妆间	huà zhuāng jiān	파우더룸
96	展示厅	zhǎn shì tīng	쇼룸
97	食品储藏室	shí pǐn chú cáng shì	펜트리
98	多功能房	duō gōng néng fáng	다용도실
99	停车场	tíng chē chǎng	주차장
100	游泳池	yóu yǒng chí	풀, 수영장

2 거실

순서	중국어	중국어 병음	한국어
1	客厅	kè tīng	거실
2	起居室	qǐ jū shì	응접실,거실
3	玄关	xuán guān	현관
4	鞋柜	xié guì	신발장
5	壁橱	bì chú	벽장
6	镜子	jìng zi	거울
7	隔断	gé duàn	칸막이
8	屏风	píng fēng	병풍
9	花架	huā jià	화분대
10	盆景	pén jǐng	분재
11	时钟	shí zhōng	시계
12	茶几	chá jī	찻상,티테이블
13	椅子	yǐ zi	의자
14	摇椅	yáo yǐ	흔들 의자
15	躺椅	tǎng yǐ	안락 의자
16	沙发	shā fā	소파
17	矮凳	ǎi dèng	앉은뱅이 의자
18	靠垫	kào diàn	방석
19	抱枕	bào zhěn	베개
20	地毯	dì tǎn	카펫
21	电视	diàn shì	TV
22	音响	yīn xiǎng	음향
23	座椅	zuò yǐ	의자
24	书柜	shū guì	문이 있는 책장, 책궤
25	书架	shū jià	책장
26	搁板	gē bǎn	선반
27	相框	xiāng kuāng	액자
28	瓷器	cí qì	도자기
29	雕塑	diāo sù	조각
30	网线	wǎng xiàn	케이블
31	电线	diàn xiàn	전선

32	地板	dì bǎn	바닥, 마루
33	壁纸	bì zhǐ	벽지
34	墙面	qiáng miàn	벽면
35	瓷砖	cí zhuān	세라믹 타일
36	地砖	dì zhuān	바닥 타일
37	窗帘	chuāng lián	커튼
38	挂毯	guà tǎn	벽 카펫
39	壁炉	bì lú	벽난로
40	吊顶	diào dǐng	천장
41	照明	zhào míng	조명
42	灯具	dēng jù	램프
43	吊灯	diào dēng	샹들리에
44	台灯	tái dēng	스탠드
45	壁灯	bì dēng	벽 램프
46	射灯	shè dēng	스포트 라이트
47	灯罩	dēng zhào	갓
48	灯带	dēng dài	라인 조명, 줄 형태의 등
49	壁画	bì huà	벽화
50	橱柜	chú guì	진열장
51	酒柜	jiǔ guì	와인장
52	花瓶	huā píng	화병
53	古董	gǔ dǒng	골동품
54	衣帽柜	yī mào guì	옷장
55	落地镜	luò dì jìng	플로어 거울
56	折叠椅	zhé dié yǐ	접의자
57	垃圾桶	lā jī tǒng	쓰레기통
58	落地灯	luò dì dēng	플로어 스탠드
59	电源线	diàn yuán xiàn	전원선
60	电话线	diàn huà xiàn	전화선
61	全家福	quán jiā fú	가족 사진
62	藤编沙发	téng biān shā fā	등나무 소파
63	布艺沙发	bù yì shā fā	패브릭 소파
64	皮质沙发	pí zhí shā fā	가죽 소파
65	单人沙发	dān rén shā fā	싱글 소파
66	双人沙发	shuāng rén shā fā	더블 소파

67	多人沙发	duō rén shā fā	다인용 소파
68	圆形沙发	yuán xíng shā fā	라운드 소파
69	方形沙发	fāng xíng shā fā	스퀘어 소파
70	电视柜	diàn shì guì	TV 거실장
71	收纳柜	shōu nà guì	수납장
72	组合柜	zǔ hé guì	장식장 세트
73	储物柜	chǔ wù guì	사물함
74	展示架	zhǎn shì jià	전시대
75	博古架	bó gǔ jià	박고가, 목조 전시대
76	收藏品	shōu cáng pǐn	소장품
77	装饰品	zhuāng shì pǐn	장식품
78	工艺品	gōng yì pǐn	공예품
79	天花板	tiān huā bǎn	천장
80	背景墙	bèi jǐng qiáng	배경벽
81	落地窗	luò dì chuāng	통창
82	休闲区	xiū xián qū	휴식 구역
83	观景台	guān jǐng tái	전망대
84	高台板	gāo tái bǎn	높은 밑판
85	饮水机	yǐn shuǐ jī	정수기
86	大理石	dà lǐ shí	대리석
87	木地板	mù dì bǎn	목제마루
88	乳胶漆	rǔ jiāo qī	라텍스 페인트
89	玻化砖	bō huà zhuān	유리화 벽돌
90	石膏板	shí gāo bǎn	석고 보드
91	复古砖	fù gǔ zhuān	복고풍 벽돌
92	水晶吊灯	shuǐ jīng diào dēng	크리스탈 샹들리에
93	条纹壁纸	tiáo wén bì zhǐ	줄무늬 벽지
94	肌理壁纸	jī lǐ bì zhǐ	기리 벽지
95	印花壁纸	yìn huā bì zhǐ	인화 벽지
96	窗帘吊穗	chuāng lián diào suì	커튼 타이백
97	薄纱窗帘	bó shā chuāng lián	시폰 커튼
98	布艺窗帘	bù yì chuāng lián	패브릭 커튼
99	实木家具	shí mù jiā jù	목재 가구
100	时尚灯饰	shí shàng dēng shì	패션 조명

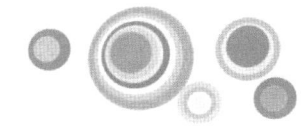

3 침실

순서	중국어	중국어 병음	한국어
1	卧室	wò shì	침실
2	床	chuáng	침대
3	单人床	dān rén chuáng	싱글침대
4	双人床	shuāng rén chuáng	더블침대
5	双层床	shuāng céng chuáng	이층침대
6	婴儿床	yīng ér chuáng	아기침대
7	儿童床	ér tóng chuáng	아동침대
8	弹簧床	tán huáng chuáng	스프링침대
9	床头柜	chuáng tóu guì	머릿장
10	台灯	tái dēng	스탠드
11	除湿器	chú shī qì	제습기
12	衣柜	yī guì	옷장
13	鞋柜	xié guì	신발장
14	书柜	shū guì	책장
15	收纳柜	shōu nà guì	수납장
16	抽屉	chōu tì	서랍
17	镜子	jìng zi	거울
18	钟表	zhōng biǎo	시계
19	挂钟	guà zhōng	벽시계
20	闹钟	nào zhōng	알람시계
21	床单	chuáng dān	시트
22	被子	bèi zi	이불
23	夏凉被	xià liáng bèi	여름 이불
24	蚕丝被	cán sī bèi	실크 이불
25	凉席	liáng xí	돗자리
26	枕头	zhěn tou	베개
27	乳胶枕	rǔ jiāo zhěn	라텍스 베개
28	羽绒枕	yǔ róng zhěn	오리털 베개
29	记忆枕	jì yì zhěn	메모리폼 베개
30	枕套	zhěn tào	베갯잇
31	床垫	chuáng diàn	매트리스

32	床罩	chuáng zhào	침대 덮개
33	懒人沙发	lǎn rén shā fā	빈백 소파
34	坐垫	zuò diàn	방석
35	抱枕	bào zhěn	쿠션
36	电视	diàn shì	TV
37	电视柜	diàn shì guì	TV 장
38	空调	kōng tiáo	에어컨
39	电风扇	diàn fēng shàn	선풍기
40	落地灯	luò dì dēng	플로어 스탠드
41	投影仪	tóu yǐng yí	프로젝터
42	空气净化器	kōng qì jìng huà qì	공기청정기
43	电热毯	diàn rè tǎn	전기담요
44	吸尘器	xī chén qì	청소기
45	电脑	diàn nǎo	컴퓨터
46	电话	diàn huà	전화기
47	窗帘	chuāng lián	커튼
48	百叶窗	bǎi yè chuāng	블라인드
49	门帘	mén lián	문발
50	窗户	chuāng hu	창문
51	阳台	yáng tái	발코니
52	衣架	yī jià	옷걸이
53	帽架	mào jià	모자걸이
54	梳妆台	shū zhuāng tái	화장대
55	全身镜	quán shēn jìng	전신거울
56	书桌	shū zhuō	책상
57	电脑桌	diàn nǎo zhuō	컴퓨터 책상
58	书架	shū jià	책꽂이
59	椅子	yǐ zi	의자
60	按摩椅	àn mó yǐ	안마의자
61	躺椅	tǎng yǐ	안락의자
62	摇椅	yáo yǐ	흔들의자
63	折叠椅	zhé dié yǐ	접의자
64	洗衣机	xǐ yī jī	세탁기
65	烘干机	hōng gān jī	건조기
66	洗衣液	xǐ yī yè	액체 세제

67	洗衣皂	xǐ yī zào	빨래비누
68	漂白剂	piǎo bái jì	표백제
69	抹布	mā bù	걸레
70	拖把	tuō bǎ	대걸레
71	熨斗	yùn dǒu	다리미
72	脏衣篮	zàng yī lán	빨래 바구니
73	橡胶手套	xiàng jiāo shǒu tào	고무장갑
74	垃圾桶	lā jī tǒng	쓰레기통
75	卫生纸	wèi shēng zhǐ	화장지
76	扫帚	sào zhǒu	빗자루
77	鸡毛掸子	jī máo dǎn zi	먼지떨이
78	毛巾	máo jīn	수건
79	蚊帐	wén zhàng	모기장
80	香薰	xiāng xūn	향훈
81	香薰蜡烛	xiāng xūn là zhú	향초
82	眼罩	yǎn zhào	안대
83	蒸汽眼罩	zhēng qì yǎn zhào	온열 안대
84	插排	chā pái	멀티탭
85	桌布	zhuō bù	테이블 보
86	毯子	tǎn zi	담요
87	置物架	zhì wù jià	캐비닛
88	手机支架	shǒu jī zhī jià	휴대폰 거치대
89	空气清新剂	kōng qì qīng xīn jì	공기 정화제
90	除湿剂	chú shī jì	제습제
91	加湿器	jiā shī qì	가습기
92	暖水袋	nuǎn shuǐ dài	보온 물주머니
93	电暖炉	diàn nuǎn lú	전기난로
94	地板	dì bǎn	마루
95	瓷砖	cí zhuān	타일
96	壁纸	bì zhǐ	벽지
97	相框	xiàng kuàng	액자
98	装饰品	zhuāng shì pǐn	장식품
99	地垫	dì diàn	발닦개
100	蓝牙音响	lán yá yīn xiǎng	블루투스 스피커

 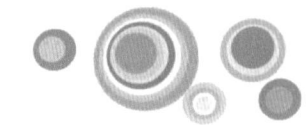

4 주방

순서	중국어	중국어 병음	한국어
1	厨房	chú fáng	주방
2	厨具	chú jù	주방 도구
3	炊具	chuī jù	취사 도구
4	餐桌	cān zhuō	식탁
5	餐具	cān jù	식기
6	餐垫	cān diàn	식탁 매트
7	杯垫	bēi diàn	컵 받침
8	茶具	chá jù	다구
9	碟架	dié jià	접시 거치대
10	刀架	dāo jià	칼걸이
11	菜板	cài bǎn	도마
12	冰箱	bīng xiāng	냉장고
13	炉灶	lú zào	부뚜막
14	蒜臼	suàn jiù	절구
15	托盘	tuō pán	쟁반
16	酱油	jiàng yóu	간장
17	味精	wèi jīng	MSG
18	香油	xiāng yóu	참기름
19	橄榄油	gǎn lǎn yóu	올리브유
20	豆油	dòu yóu	콩기름
21	煎锅	jiān guō	프라이팬
22	炒锅	chǎo guō	궁중팬
23	蒸锅	zhēng guō	찜통
24	汤锅	tāng guō	냄비
25	锅盖	guō gài	뚜껑
26	锅垫	guō diàn	냄비 받침
27	菜刀	cài dāo	부엌 칼
28	架子	jià zi	선반
29	剪子	jiǎn zi	가위
30	叉子	chā zi	포크
31	筷子	kuài zi	젓가락

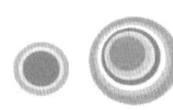 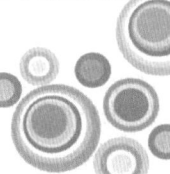

32	匙子	chí zi	숟가락
33	勺子	sháo zi	국자
34	汤匙	tāng chí	요리 스푼
35	锅铲	guō chǎn	뒤집개
36	饭铲	fàn chǎn	주걱
37	漏勺	lòu sháo	구멍이 뚫린 국자
38	刀叉	dāo chā	나이프와 포크
39	果盘	guǒ pán	과일 접시
40	搁板	gē bǎn	선반
41	抹布	mā bù	행주
42	围裙	wéi qún	앞치마
43	瓷杯	cí bēi	도자기 컵
44	硅胶	guī jiāo	실리콘
45	茶叶	chá yè	차
46	水龙头	shuǐ lóng tóu	수도꼭지
47	净水器	jìng shuǐ qì	정수기
48	压力锅	yā lì guō	압력솥
49	电饭锅	diàn fàn guō	밥솥
50	不粘锅	bù zhān guō	코팅 처리가 된 프라이팬.
51	平底锅	píng dǐ guō	프라이팬
52	长柄勺	cháng bǐng sháo	국자
53	玻璃杯	bō lí bēi	유리컵
54	调料盒	tiáo liào hé	양념통
55	不锈钢	bù xiù gāng	스테인리스 강
56	煤气灶	méi qì zào	가스 렌지
57	洗碗槽	xǐ wǎn cáo	싱크대
58	钢丝球	gāng sī qiú	철 수세미
59	丝瓜络	sī guā luò	수세미 (식물)
60	清洁球	qīng jié qiú	수세미 볼
61	洗碗布	xǐ wǎn bù	수세미
62	洗洁精	xǐ jié jīng	주방 세제
63	下水道	xià shuǐ dào	하수도
64	垃圾桶	lā jī tǒng	쓰레기통
65	食品夹	shí pǐn jiā	음식 집게
66	水果刀	shuǐ guǒ dāo	과도, 과일 칼

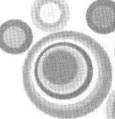

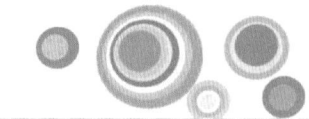

67	刮皮刀	guā pí dāo	채칼
68	开瓶器	kāi píng qì	오프너
69	磨刀器	mó dāo qì	칼갈이
70	餐巾纸	cān jīn zhǐ	냅킨
71	湿纸巾	shī zhǐ jīn	물티슈
72	排气管	pái qì guǎn	배기관
73	塑料袋	sù liào dài	비닐 봉투
74	收纳柜	shōu nà guì	수납장
75	壁橱/吊柜	bì chú/diào guì	벽장
76	密封盒/保鲜盒	mì fēng hé/bǎo xiān hé	밀폐 용기
77	整体厨房	zhěng tǐ chú fáng	부엌 찬장
78	烹炒煎炸	pēng chǎo jiān zhá	삶기, 볶기, 달이기, 튀기기
79	直饮水机	zhí yǐn shuǐ jī	직수 정수기
80	炊具挂架	chuī jù guà jià	조리 도구 걸이대
81	抽油烟机	chōu yóu yān jī	후드
82	自来水管	zì lái shuǐ guǎn	배수관
83	厨房用品	chú fáng yòng pǐn	주방 용품
84	第二厨房	dì èr chú fáng	보조 주방
85	厨房家电	chú fáng jiā diàn	주방 가전
86	锅碗瓢盆	guō wǎn piáo pén	솥·사발·국자·함지; 주방 도구
87	厨房毛巾	chú fáng máo jīn	주방 수건
88	厨房用纸	chú fáng yòng zhǐ	키친 타올
89	隔热手套	gé rè shǒu tào	내열 장갑
90	排烟管道	pái yān guǎn dào	연기 배기관
91	开放式厨房	kāi fàng shì chú fáng	개방식 주방
92	厨房操作台	chú fáng cāo zuò tái	주방 작업대
93	油污清洁剂	yóu wū qīng jié jì	기름때 세제
94	食材配备区	shí cái pèi bèi qū	음식 준비 구역
95	碗碟干燥台	wǎn dié gān zào tái	식기 건조대
96	一次性餐具	yí cì xìng cān jù	일회용 식기
97	食物垃圾袋	shí wù lā jī dài	음식물 쓰레기 봉투
98	榻榻米餐桌	tà tà mǐ cān zhuō	다다미 식탁
99	柴米油盐酱醋茶	chái mǐ yóu yán jiàng cù chá	장작,쌀,식용유, 소금, 간장, 식초, 차
100	多用途整理台	duō yòng tú zhěng lǐ tái	다용도 정리대

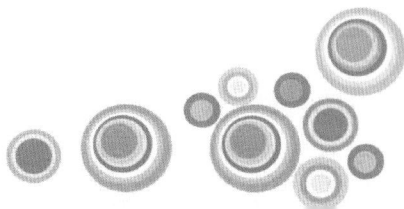

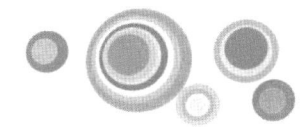

5 욕실

순서	중국어	중국어 병음	한국어
1	浴室	yù shì	욕실
2	卫生间/洗手间	wèi shēng jiān/xǐ shǒu jiān	화장실
3	卫浴	wèi yù	화장실과 욕실
4	桑拿房	sāng ná fáng	찜질방
5	洗手	xǐ shǒu	손을 씻다
6	洗脸	xǐ liǎn	세수하다
7	洗澡	xǐ zǎo	목욕하다
8	泡澡	pào zǎo	탕속에 담그고 목욕하다
9	淋浴	lín yù	샤워하다
10	足浴	zú yù	족욕하다
11	洗头发	xǐ tóu fà	머리를 감다
12	防滑垫	fáng huá diàn	미끄럼 방지 매트
13	地垫	dì diàn	바닥 매트
14	地砖	dì zhuān	타일
15	拖鞋	tuō xié	슬리퍼
16	扶手	fú shǒu	팔걸이
17	大便	dà biàn	대변
18	小便	xiǎo biàn	소변
19	水槽	shuǐ cáo	싱크대
20	香皂	xiāng zào	비누
21	牙膏	yá gāo	치약
22	牙刷	yá shuā	칫솔
23	毛巾	máo jīn	수건
24	浴巾	yù jīn	샤워 수건
25	地巾	dì jīn	발 수건
26	柜子	guì zi	수납장
27	架子	jià zi	선반
28	镜子	jìng zi	거울
29	马桶	mǎ tǒng	변기
30	水箱	shuǐ xiāng	수조

梦想中国语 词汇

31	梳妆台	shū zhuāng tái	화장대
32	洗漱台/洗脸盆	xǐ shù tái/xǐ liǎn pén	세면대
33	水龙头	shuǐ lóng tóu	수도꼭지
34	过滤器	guò lǜ qì	필터
35	洗衣皂	xǐ yī zào	세탁 비누
36	香皂盒	xiāng zào hé	비누대
37	洗手液	xǐ shǒu yè	손씻기 액
38	漱口水	shù kǒu shuǐ	가글
39	漱口杯	shù kǒu bēi	양치질용 컵
40	牙刷架	yá shuā jià	칫솔 홀더
41	毛巾杆	máo jīn gān	타월 행거
42	马桶盖	mǎ tǒng gài	변기 커버
43	马桶垫	mǎ tǒng diàn	변기 매트
44	马桶刷	mǎ tǒng shuā	변기솔
45	地板刷	dì bǎn shuā	바닥솔
46	坐便器	zuò biàn qì	비데
47	水箱盖	shuǐ xiāng gài	수조 뚜껑
48	洁厕剂	jié cè jì	화장실 클리너
49	除味剂	chú wèi jì	탈취제
50	芳香剂	fāng xiāng jì	방향제
51	卫生纸	wèi shēng zhǐ	휴지
52	卷纸架	juǎn zhǐ jià	휴지 홀더
53	纸巾盒	zhǐ jīn hé	티슈 케이스
54	垃圾桶	lā jī tǒng	쓰레기통
55	垃圾袋	lā jī dài	쓰레기 봉투
56	抹布	mā bù	행주
57	拖把	tuō bǎ	밀대 걸레
58	挂钩	guà gōu	걸이
59	喷头	pēn tóu	샤워기 노즐
60	花洒/淋浴头	huā sǎ/lín yù tóu	샤워기 헤드
61	棉棒	mián bàng	면봉
62	浴帘	yù lián	샤워 커튼
63	浴缸	yù gāng	욕조
64	浴球	yù qiú	샤워 볼
65	浴盐	yù yán	목욕용 소금

 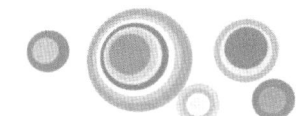

66	浴霸	yù bà	욕실 난방 시설
67	浴帽	yù mào	샤워 캡
68	浴袍	yù páo	목욕 가운
69	发蜡	fà là	헤어 왁스
70	梳子	shū zi	빗
71	地漏	dì lòu	배수구
72	换气扇	huàn qì shàn	송풍기
73	镜前灯	jìng qián dēng	거울 조명
74	防水灯	fáng shuǐ dēng	방수 조명
75	热水器	rè shuǐ qì	온수기
76	淋浴头	lín yù tóu	샤워기
77	置物架	zhì wù jià	선반
78	浴帘杆	yù lián gǎn	샤워 커튼 봉
79	小凳子	xiǎo dèng zǐ	작은 의자
80	泡泡浴	pào pào yù	거품 목욕
81	桑拿浴	sāng ná yù	사우나
82	搓澡巾	cuō zǎo jīn	때수건
83	沐浴露	mù yù lù	바디 워시
84	洗发膏	xǐ fà gāo	샴푸
85	护发素	hù fà sù	린스, 컨디셔너
86	焗油膏	jú yóu gāo	트리트먼트
87	洗面奶	xǐ miàn nǎi	폼 클렌징
88	化妆棉	huà zhuāng mián	화장솜
89	化妆品	huà zhuāng pǐn	화장품
90	润肤露	rùn fū lù	바디 로션
91	刮胡刀	guā hú dāo	면도칼
92	剃须膏	tì xū gāo	면도용 크림
93	护肤品	hù fū pǐn	스킨 케어 제품
94	吹风机	chuī fēng jī	헤어 드라이어
95	卷发棒	juǎn fà bàng	고대기
96	温度计	wēn dù jì	온도계
97	护发精油	hù fà jīng yóu	헤어 오일
98	调光玻璃	diào guāng bō lí	스마트 유리
99	塑料手套	sù lào shǒu tào	플라스틱 장갑
100	淋浴隔间	lín yù gé jiān	샤워 부스

 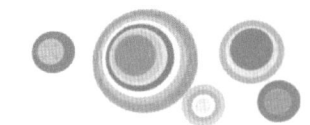

6 전자 기기

순서	중국어	중국어 병음	한국어
1	电器	diàn qì	전자기기
2	电灯	diàn dēng	전등
3	电话	diàn huà	전화
4	电脑	diàn nǎo	컴퓨터
5	电视	diàn shì	텔레비전
6	电影	diàn yǐng	영화
7	电梯	diàn tī	엘리베이터
8	电子表	diàn zǐ biǎo	전자시계
9	电子秤	diàn zǐ chèng	전자 저울
10	电子书	diàn zǐ shū	전자책
11	电动车	diàn dòng chē	전동차
12	电熨斗	diàn yùn dǒu	전기 다리미
13	电吹风	diàn chuī fēng	전기 드라이어
14	电冰箱	diàn bīng xiāng	냉장고
15	电蒸箱	diàn zhēng xiāng	전기 찜기
16	电烤箱	diàn kǎo xiāng	전기 오븐
17	电磁炉	diàn cí lú	인덕션
18	电饭锅	diàn fàn guō	전기 밥솥
19	电烤盘	diàn kǎo pán	전기그릴
20	电热水壶	diàn rè shuǐ hú	전기 포트
21	电压力锅	diàn yā lì guō	전기 압력솥
22	电风扇	diàn fēng shàn	선풍기
23	电热毯	diàn rè tǎn	전기 매트
24	电暖器	diàn nuǎn qì	전기 난방기
25	电拖把	diàn tuō bǎ	전기 걸레
26	电动牙刷	diàn dòng yá shuā	전동 칫솔
27	电动刮胡刀	diàn dòng guā hú dāo	전기 면도기
28	电动卷发棒	diàn dòng juǎn fā bàng	고대기
29	电动理发器	diàn dòng lǐ fā qì	이발기
30	电动美容仪	diàn dòng měi róng yí	전동 미용 기구
31	电动滑板车	diàn dòng huá bǎn chē	스쿠터

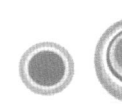 

32	电子监控	diàn zǐ jiān kòng	CCTV
33	液晶电视	yè jīng diàn shì	액정 TV
34	智能门铃	zhì néng mén líng	스마트 초인종
35	智能门锁	zhì néng mén suǒ	스마트 도어록
36	对讲机	duì jiǎng jī	인터폰
37	机顶盒	jī dǐng hé	세톱박스
38	手机	shǒu jī	휴대폰
39	智能手机	zhì néng shǒu jī	스마트폰
40	台式电脑	tái shì diàn nǎo	데스크탑
41	平板电脑	píng bǎn diàn nǎo	태블릿
42	笔记本电脑	bǐ jì běn diàn nǎo	노트북
43	充电宝	chōng diàn bǎo	보조 배터리
44	充电器	chōng diàn qì	충전기
45	充电线	chōng diàn xiàn	충전선
46	插座	chā zuò	콘센트
47	插排	chā pái	멀티탭
48	插头	chā tóu	플러그
49	鼠标	shǔ biāo	마우스
50	键盘	jiàn pán	키보드
51	耳机	ěr jī	이어폰
52	音箱	yīn xiāng	스피커
53	无线路由器	wú xiàn lù yóu qì	무선 공유기
54	蓝牙	lán yá	블루투스
55	智能摄像机	zhì néng shè xiàng jī	스마트 홈카메라
56	投影仪	tóu yǐng yí	프로젝터
57	移动硬盘	yí dòng yìng pán	이동식 디스크
58	收音机	shōu yīn jī	라디오
59	录音笔	lù yīn bǐ	보이스펜
60	台灯	tái dēng	스탠드
61	饮水机	yǐn shuǐ jī	정수기
62	净水器	jìng shuǐ qì	정수기
63	咖啡机	kā fēi jī	커피메이커
64	榨汁机	zhà zhī jī	믹서기
65	酸奶机	suān nǎi jī	요구르트 제조기
66	豆浆机	dòu jiāng jī	두유 제조기

67	打蛋器	dǎ dàn qì	달걀 거품기
68	抽油烟机	chōu yóu yān jī	렌지 후드
69	微波炉	wéi bō lú	전자레인지
70	空气炸锅	kōng qì zhá guō	에어프라이어
71	烤面包机	kǎo miàn bāo jī	토스터기
72	搅拌机	jiǎo bàn jī	믹서기
73	壁挂炉	bì guà lú	벽걸이 난로
74	集成灶	jí chéng zào	인덕션
75	燃气灶	rán qì zào	가스 렌지
76	洗碗机	xǐ wǎn jī	식기세척기
77	消毒柜	xiāo dú guì	식기 건조기
78	空气清新器	kōng qì qīng xīn qì	공기 정화기
79	厨余垃圾处理器	chú yú lā jī chǔ lǐ qì	음식물 쓰레기 처리기
80	吸尘器	xī chén qì	청소기
81	空调	kòng tiáo	에어컨
82	加湿器	jiā shī qì	가습기
83	除湿器	chú shī qì	제습기
84	遥控器	yáo kòng qì	리모컨
85	热水器	rè shuǐ qì	온수기
86	按摩椅	àn mó yǐ	안마의자
87	跑步机	pǎo bù jī	런닝머신
88	洗衣机	xǐ yī jī	세탁기
89	烘干机	hōng gān jī	건조기
90	游戏机	yóu xì jī	게임기
91	除螨仪	chú mǎn yí	진드기 제거기
92	按摩仪	àn mó yí	안마 기기
93	平衡车	píng héng chē	전동휠
94	干手机	gàn shǒu jī	핸드 드라이어
95	浴霸	yù bà	욕실 난방
96	智能马桶	zhì néng mǎ tǒng	스마트 변기
97	血压计	xiě yā jì	혈압계
98	扫地机器人	sǎo dì jī qì rén	청소 로봇
99	太阳能发电机	tài yáng néng fā diàn jī	태양열 발전기
100	语音助手	yǔ yīn zhù shǒu	음성 도우미

7 의류

순서	중국어	중국어 병음	한국어
1	服装	fú zhuāng	의류
2	男装	nán zhuāng	남성복
3	女装	nǚ zhuāng	여성복
4	童装	tóng zhuāng	아동복
5	婴儿装	yīng ér zhuāng	유아복
6	西服	xī fú	양복
7	运动服	yùn dòng fú	운동복
8	便装	biàn zhuāng	캐주얼복
9	睡衣	shuì yī	잠옷
10	睡袍	shuì páo	가운
11	睡衣裤	shuì yī kù	파자마
12	格纹	gé wén	체크무늬
13	花纹	huā wén	꽃무늬
14	波点	bō diǎn	도트 무늬
15	条纹	tiáo wén	줄무늬
16	斑马纹	bān mǎ wén	지브라 무늬
17	豹纹	bào wén	호피 무늬
18	棉	mián	면
19	麻	má	마
20	羊毛	yáng máo	양모
21	绢	juàn	실크
22	人造纤维	rén zào xiān wéi	인조 섬유, 레이온
23	尼龙	ní lóng	나일론
24	毛织	máo zhī	모직
25	羊绒	yáng róng	캐시미어
26	鸭绒	yā róng	오리털
27	真皮	zhēn pí	가죽
28	羊羔皮	yáng gāo pí	스웨이드
29	牛仔	niú zǎi	데님, 청
30	雪纺	xuě fǎng	시폰
31	灯芯绒	dēng xīn róng	코르덴

32	蕾丝	lěi sī	레이스
33	镂空蕾丝	lòu kōng lěi sī	펀칭 레이스
34	刺绣	cì xiù	자수
35	圆领	yuán lǐng	라운드 칼라
36	娃娃领	wá wá lǐng	피터팬 칼라
37	V领	V lǐng	V자 칼라
38	外套	wài tào	코트
39	长款外套	cháng kuǎn wài tào	롱 코트
40	短款外套	duǎn kuǎn wài tào	숏 코트
41	夹克	jiá kè	재킷
42	风衣	fēng yī	트렌치 코트
43	皮大衣	pí dà yī	가죽 코트
44	貂皮大衣	diāo pí dà yī	밍크 코트
45	毛呢大衣	máo ne dà yī	모직 코트
46	羽绒服	yǔ róng fú	패딩
47	棉服	mián fú	점퍼
48	披肩	pī jiān	숄, 케이프
49	开衫	kāi shān	가디건
50	T恤	T xù	티셔츠
51	衬衣	chèn yī	셔츠
52	女士衬衣	nǚ shì chèn yī	블라우스
53	男士衬衣	nán shì chèn yī	와이셔츠
54	喇叭袖衬衣	lǎ bā xiù chèn yī	나팔 블라우스
55	雪纺衫	xuě fǎng shān	쉬폰 블라우스
56	运动衫	yùn dòng shān	스웨트셔츠
57	吊带	diào dài	탱크탑
58	带帽卫衣	dài mào wèi yī	후드티
59	圆领卫衣（无帽）	yuán lǐng wèi yī (wú mào)	맨투맨
60	加绒卫衣	jiā róng wèi yī	기모 후드티
61	毛衣	máo yī	스웨터
62	针织衫	zhēn zhī shān	니트
63	短袖	duǎn xiù	반팔
64	长袖	cháng xiù	긴팔
65	连衣裙	lián yī qún	원피스
66	背心	bèi xīn	조끼

67	马甲	mǎ jiǎ	베스트
68	长裙	cháng qún	롱스커트
69	短裙	duǎn qún	미니 스커트
70	牛仔裙	niú zǎi qún	청스커트
71	背带裙	bēi dài qún	멜빵 스커트
72	百褶裙	bǎi zhě qún	주름 스커트
73	A字裙	A zì qún	A 라인 스커트
74	蛋糕裙	dàn gāo qún	티어드 스커트
75	鱼尾裙	yú wěi qún	머메이드 스커트
76	裤子	kù zi	바지, 팬츠
77	直筒裤	zhí tǒng kù	일자바지
78	背带裤	bēi dài kù	멜빵바지
79	喇叭裤	lǎ bā kù	부츠 컷
80	阔腿裤	kuò tuǐ kù	통바지
81	哈伦裤	hā lún kù	배기팬츠
82	紧身裤	jǐn shēn kù	스키니
83	打底裤	dǎ dǐ kù	레깅스
84	牛仔裤	niú zǎi kù	청바지
85	西装裤	xī zhuāng kù	정장바지
86	棉裤	mián kù	면바지
87	工装裤	gōng zhuāng kù	건빵 바지
88	短裤	duǎn kù	반바지
89	内衣	nèi yī	속옷
90	袜子	wà zi	양말
91	丝袜	sī wà	스타킹
92	领带	lǐng dài	넥타이
93	围巾	wéi jīn	목도리
94	丝巾	sī jīn	스카프
95	皮带	pí dài	허리띠
96	帽子	mào zi	모자
97	鸭舌帽	yā shé mào	캡 모자
98	草帽	cǎo mào	밀짚모자
99	贝雷帽	bèi léi mào	베레모
100	渔夫帽	yú fū mào	버킷햇 모자

 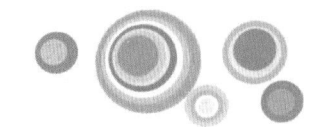

8 화장품

순서	중국어	중국어 병음	한국어
1	化妆品	huà zhuāng pǐn	화장품
2	爽肤水	shuǎng fū shuǐ	토너
3	化妆水	huà zhuāng shuǐ	스킨
4	乳液	rǔ yè	로션
5	精华露	jīng huá lù	에센스
6	美白精华	měi bái jīng huá	화이트에센스
7	精油	jīng yóu	에센셜 오일
8	营养霜	yíng yǎng shuāng	영양크림
9	保湿霜	bǎo shī shuāng	보습크림
10	除皱霜	chú zhòu shuāng	주름방지크림
11	抗老霜	kàng lǎo shuāng	안티에이징크림
12	眼霜	yǎn shuāng	아이크림
13	浓缩精华	nóng suō jīng huá	앰플
14	面膜	miàn mó	마스크팩
15	水洗面膜	shuǐ xǐ miàn mó	워시오프팩
16	睡眠面膜	shuì mián miàn mó	수면팩
17	鼻贴膜	bí tiē mó	코팩
18	防晒霜	fáng shài shuāng	선크림
19	喷雾	pēn wù	미스트
20	防晒喷雾	fáng shài pēn wù	선 스프레이
21	按摩霜	àn mó shuāng	마사지크림
22	护手霜	hù shǒu shuāng	핸드크림
23	身体乳	shēn tǐ rǔ	바디로션
24	隔离	gé lí	메이크업 베이스
25	妆前乳	zhuāng qián rǔ	프라이머
26	素颜霜	sù yán shuāng	생얼 크림
27	粉底液	fěn dǐ yè	파운데이션
28	BB·CC 霜	BB·CCshuāng	BB·CC 크림
29	干湿两用粉饼	gān shī liǎng yòng fěn bǐng	트윈케익
30	散粉	sǎn fěn	루스파우더
31	定妆喷雾	dìng zhuāng pēn wù	메이크업 픽서

 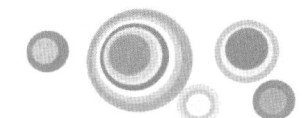

32	粉饼	fěn bǐng	팬케이크
33	气垫	qì diàn	쿠션팩트
34	气垫 BB	qì diàn BB	쿠션비비
35	遮瑕	zhē xiá	컨실러
36	彩妆产品	cǎi zhuāng chǎn pǐn	색조 화장품
37	眼线笔	yǎn xiàn bǐ	아이라이너
38	眼线膏	yǎn xiàn gāo	젤 아이라이너
39	眼线液	yǎn xiàn yè	리퀴드 아이라이너
40	睫毛膏	jié máo gāo	마스카라
41	眉笔	méi bǐ	아이브로우 펜슬
42	眉粉	méi fěn	아이브로우 케익
43	眼影	yǎn yǐng	아이섀도우
44	口红	kǒu hóng	립스틱
45	唇彩	chún cǎi	립글로즈
46	唇膏	chún gāo	립밤
47	唇釉	chún yòu	립라커
48	染唇液	rǎn chún yè	틴트
49	腮红	sāi hóng	블러셔
50	气垫腮红	qì diàn sāi hóng	쿠션 블러셔
51	高光	gāo guāng	하이라이터
52	阴影	yīn yǐng	쉐딩
53	亮片	liàng piàn	글리터
54	洗面奶	xǐ miàn nǎi	폼클렌저
55	泡沫洗面奶	pào mò xǐ miàn nǎi	버블 클렌저
56	洁面膏	jié miàn gāo	클렌징밤
57	卸妆水	xiè zhuāng shuǐ	클렌징워터
58	卸妆油	xiè zhuāng yóu	클렌징오일
59	眼唇卸妆液	yǎn chún xiè zhuāng yè	아이립리무버
60	磨砂膏	mó shā gāo	스크럽
61	化妆工具	huà zhuāng gōng jù	메이크업 도구
62	粉扑	fěn pū	퍼프
63	粉饼盒	fěn bǐng hé	콤팩트
64	美妆蛋	měi zhuāng dàn	스펀지
65	化妆刷	huà zhuāng shuā	브러쉬
66	眼影刷	yǎn yǐng shuā	아이섀도우 브러쉬

67	腮红刷	sāi hóng shuā	볼터치 브러쉬
68	散粉刷	sǎn fěn shuā	파우더 브러쉬
69	粉底刷	fěn dǐ shuā	파운데이션 브러쉬
70	唇刷	chún shuā	립 브러쉬
71	睫毛夹	jié máo jiā	뷰러
72	假睫毛	jiǎ jié máo	인조 속눈썹
73	双眼皮贴	shuāng yǎn pí tiē	쌍까풀 테이프
74	修眉刀	xiū méi dāo	눈썹칼
75	眉刷	méi shuā	아이브로우 브러쉬
76	吸油纸	xī yóu zhǐ	기름종이
77	化妆棉	huà zhuāng mián	화장솜
78	卸妆巾	xiè zhuāng jīn	클렌징 티슈
79	化妆包	huà zhuāng bāo	파우치
80	镜子	jìng zi	거울
81	梳子	shū zi	빗
82	棉棒	mián bàng	면봉
83	指甲油	zhǐ jiǎ yóu	메니큐어
84	洗甲水	xǐ jiǎ shuǐ	아세톤
85	美瞳	měi tóng	컬러렌즈
86	洗发水	xǐ fà shuǐ	샴푸
87	护发素	hù fà sù	린스
88	发蜡	fà là	헤어 왁스
89	染发剂	rǎn fà jì	염색제
90	发膜	fà mó	헤어팩
91	护发精油	hù fà jīng yóu	헤어 에센스
92	干性	gān xìng	건성
93	油性	yóu xìng	지성
94	中性	zhōng xìng	중성
95	混合性	hùn hé xìng	복합성
96	过敏性	guò mǐn xìng	민간성
97	卷发棒	juǎn fà bàng	봉 고데기
98	直板夹	zhí bǎn jiā	판 고데기
99	波浪卷发器	bō làng juǎn fà qì	물결 고데기
100	刘海卷	liú hǎi juǎn	앞머리 헤어롤

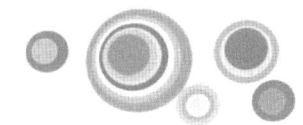

9 신체

순서	중국어	중국어 병음	한국어
1	头	tóu	머리
2	头发	tóu fa	머리카락
3	脸	liǎn	얼굴
4	眼睛	yǎn jīng	눈
5	鼻子	bí zi	코
6	嘴巴	zuǐ bā	입
7	耳朵	ěr duǒ	귀
8	额头	é tóu	이마
9	眉毛	méi máo	눈썹
10	牙齿	yá chǐ	이
11	舌头	shé tou	혀
12	下巴	xià bā	턱
13	脖子	bó zi	목
14	肩膀	jiān bǎng	어깨
15	胳膊	gē bo	팔
16	手	shǒu	손
17	手指	shǒu zhǐ	손가락
18	腿	tuǐ	다리
19	大腿	dà tuǐ	넓적다리
20	小腿	xiǎo tuǐ	아랫다리
21	脚	jiǎo	발
22	肚子	dù zi	배
23	腰	yāo	허리
24	背	bèi	등
25	屁股	pì gu	엉덩이
26	笑	xiào	웃다
27	哭	kū	울다
28	坐	zuò	앉다
29	坐下	zuò xià	앉다.
30	站	zhàn	서다
31	站起来	zhàn qǐ lái	일어나다.

32	走	zǒu	걷다.
33	向前走	xiàng qián zǒu	앞으로 걷다.
34	向后走	xiàng hòu zǒu	뒤로 걷다.
35	弯腰	wān yāo	허리를 굽히다.
36	前进	qián jìn	전진하다.
37	后退	hòu tuì	후퇴하다.
38	踮脚	diǎn jiǎo	까치발
39	踮脚走	diǎn jiǎo zǒu	발끝으로 걷다.
40	抬	tái	올리다.
41	抬左腿	tái zuǒ tuǐ	왼쪽 다리를 올리다.
42	抬右腿	tái yòu tuǐ	오른쪽 다리를 올리다.
43	举	jǔ	들어 올리다.
44	举左手	jǔ zuǒ shǒu	왼손을 들다
45	举右手	jǔ yòu shǒu	오른손을 들다.
46	踢	tī	발로 차다.
47	踢左脚	tī zuǒ jiǎo	왼발을 차다.
48	踢右脚	tī yòu jiǎo	오른발을 차다.
49	跳	tiào	뛰다
50	跳高	tiào gāo	높이 뛰다
51	跳远	tiào yuǎn	멀리 뛰다
52	跳舞	tiào wǔ	춤을 추다.
53	跑	pǎo	달리다.
54	往前跑	wǎng qián pǎo	앞으로 달리다.
55	往左跑	wǎng zuǒ pǎo	왼쪽으로 달리다.
56	往右跑	wǎng yòu pǎo	오른쪽으로 달리다.
57	快跑	kuài pǎo	빨리 뛰다.
58	慢跑	màn pǎo	느리게 뛰다.
59	停	tíng	정지하다.
60	停下来	tíng xià lái	멈추다.
61	蹲下	dūn xià	쪼그리다.
62	摔倒	shuāi dǎo	넘어지다.
63	趴下	pā xià	엎드리다.
64	爬	pá	기다.
65	向前爬	xiàng qián pá	앞으로 기어다니다.
66	躺下	tǎng xià	눕다.

67	翻	fān	뒤집히다
68	侧手翻	cè shǒu fān	옆으로 재주 넘다.
69	推	tuī	밀다.
70	拉	lā	당기다.
71	推开门	tuī kāi mén	문을 밀어서 열다.
72	拉开门	lā kāi mén	문을 당겨서 열다.
73	扔	rēng	던지다
74	扔垃圾	rēng lā jī	쓰레기를 버리다.
75	拿	ná	손으로 잡다.
76	拿过书包来	ná guò shū bāo lái	책가방을 가져 오다.
77	拿过笔来	ná guò bǐ lái	펜을 가져 오다.
78	指	zhǐ	가리키다.
79	指上面	zhǐ shàng miàn	위를 가리키다.
80	指下面	zhǐ xià miàn	아래 가리키다.
81	说	shuō	말하다
82	说中文	shuō zhōng wén	중국어를 말하다.
83	喊	hǎn	외치다.
84	大声喊	dà shēng hǎn	큰 소리로 외치다.
85	看	kàn	보다.
86	看上面	kàn shàng miàn	위쪽을 보다.
87	看下面	kàn xià miàn	아래쪽 보다.
88	拿起	ná qǐ	들어 올리다.
89	放下	fàng xià	내려 놓다.
90	拿起书	ná qǐ shū	책을 들어 올리다.
91	放下书	fàng xià shū	책을 내려 놓다.
92	打开	dǎ kāi	켜다.
93	关上	guān shàng	끄다. 닫다.
94	打开灯	dǎ kāi dēng	불을 켜다.
95	关上灯	guān shàng dēng	불을 끄다.
96	摇头	yáo tóu	머리를 흔들다.
97	点头	diǎn tóu	머리를 끄덕이다.
98	拍手	pāi shǒu	박수하다.
99	握手	wò shǒu	악수하다.
100	抱抱	bào bào	안아보다.

 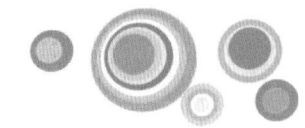

10 가족

순서	중국어	중국어 병음	한국어
1	家人	jiā rén	가족
2	亲戚	qīn qī	친척
3	曾祖父	zēng zǔ fù	증조 할아버지
4	曾祖母	zēng zǔ mǔ	증조 할머니
5	外曾祖父	wài zēng zǔ fù	외증조 할아버지
6	外曾祖母	wài zēng zǔ mǔ	외증조 할머니
7	祖父	zǔ fù	조부
8	祖母	zǔ mǔ	조모
9	外祖父	wài zǔ fù	외조부
10	外祖母	wài zǔ mǔ	외조모
11	爷爷	yé yé	할아버지
12	奶奶	nǎi nai	할머니
13	姥爷	lǎo yé	외할아버지
14	姥姥	lǎo lao	외할머니
15	爸爸	bà ba	아빠
16	妈妈	mā mā	엄마
17	父亲	fù qīn	아버님
18	母亲	mǔ qīn	어머님
19	兄弟	xiōng dì	형제
20	姐妹	jiě mèi	자매
21	哥哥	gē gē	형,오빠
22	姐姐	jiě jiě	누나,언니
23	弟弟	dì dì	남동생
24	妹妹	mèi mei	여동생
25	长子	zhǎng zǐ	장남
26	长女	zhǎng nǚ	장녀
27	老大	lǎo dà	첫째
28	老二	lǎo èr	둘째
29	老末	lǎo mò	막내
30	丈夫	zhàng fū	남편
31	妻子	qī zi	아내

32	老公	lǎo gōng	남편
33	老婆	lǎo pó	아내
34	爱人	ài rén	남편 또는 아내
35	儿子	ér zi	아들
36	女儿	nǚ ér	딸
37	男孩	nán hái	소년
38	女孩	nǚ hái	소녀
39	双胞胎	shuāng bāo tāi	쌍둥이
40	独生子	dú shēng zǐ	외동 아들
41	独生女	dú shēng nǚ	외동 딸
42	伯父	bó fù	큰 아버지
43	伯母	bó mǔ	큰 어머니
44	叔叔	shū shu	삼촌
45	婶婶	shěn shen	숙모
46	舅舅	jiù jiu	외삼촌
47	舅妈	jiù mā	외숙모
48	姨妈	yí mā	이모
49	姨父	yí fu	이모부
50	姑妈	gū mā	고모
51	姑父	gū fu	고모부
52	孙子	sūn zi	손자
53	孙女	sūn nǚ	손녀
54	堂兄	táng xiōng	사촌 형/오빠
55	堂姐	táng jiě	사촌 누나/언니
56	堂弟	táng dì	사촌 남동생
57	堂妹	táng mèi	사촌 여동생
58	表哥	biǎo gē	외사촌 형/오빠
59	表姐	biǎo jiě	외사촌 누나/언니
60	表弟	biǎo dì	외사촌 남동생
61	表妹	biǎo mèi	외사촌 여동생
62	侄子	zhí zi	조카
63	侄女	zhí nǚ	조카딸
64	外甥	wài shēng	외조카
65	外甥女	wài shēng nǚ	외조카딸
66	公公	gōng gōng	시아버지

#	汉字	拼音	한국어
67	婆婆	pó po	시어머니
68	岳父	yuè fù	장인
69	岳母	yuè mǔ	장모
70	老丈人	lǎo zhàng rén	장인
71	丈母娘	zhàng mǔ niáng	장모
72	连襟	lián jīn	동서 [자매의 남편끼리]
73	妯娌	zhóu lǐ	동서 [형제의 아내끼리]
74	小姑子	xiǎo gū zi	시누이
75	小舅子	xiǎo jiù zi	처남
76	小叔子	xiǎo shū zi	시동생
77	继父	jì fù	계부
78	继母	jì mǔ	계모
79	后爸	hòu bà	의붓 아버지
80	后妈	hòu mā	의붓 어머니
81	儿媳	ér xí	며느리
82	女婿	nǚ xù	사위
83	嫂子	sǎo zi	형수님
84	弟媳	dì xí	제수
85	姐夫	jiě fū	형부
86	妹夫	mèi fū	매부
87	老年人	lǎo nián rén	어르신
88	年轻人	nián qīng rén	젊은이
89	大爷	dà yé	어저씨
90	大妈	dà mā	아주머니
91	大姐	dà jiě	누님
92	大哥	dà gē	형님
93	叔叔	shū shu	삼촌
94	阿姨	ā yí	이모
95	姑娘	gū niáng	아가씨
96	小伙子	xiǎo huǒ zi	총각
97	男人	nán rén	남자
98	女人	nǚ rén	여자
99	大人	dà rén	어른
100	小孩	xiǎo hái	아이

11 채소

순서	중국어	중국어 병음	한국어
1	蔬菜	shū cài	채소
2	青菜	qīng cài	청색 야채
3	沙拉	shā lā	샐러드
4	白菜	bái cài	배추
5	菠菜	bō cài	시금치
6	芹菜	qín cài	셀러리, 미나리
7	韭菜	jiǔ cài	부추
8	荠菜	jì cài	냉이
9	香菜	xiāng cài	고수
10	蕨菜	jué cài	고사리
11	油菜	yóu cài	청경채
12	小青菜	xiǎo qīng cài	청경채
13	卷心菜	juǎn xīn cài	양배추
14	紫色卷心菜	zǐ sè juǎn xīn cài	적양배추
15	榨菜	zhà cài	콜라비
16	芝麻菜	zhī ma cài	루꼴라
17	生菜	shēng cài	상추
18	莴苣	wō jù	양상추
19	菜花	cài huā	컬리 플라워
20	西兰花	xī lán huā	브로콜리
21	紫菜	zǐ cài	김
22	莲藕	lián ǒu	연근
23	嫩叶	nèn yè	어린잎
24	芝麻	zhī ma	참깨
25	芝麻叶	zhī ma yè	깻잎
26	蘑菇	mó gū	버섯
27	香菇	xiāng gū	표고버섯
28	平菇	píng gū	느타리버섯
29	金针菇	jīn zhēn gū	팽이버섯
30	木耳	mù ěr	목이버섯
31	茄子	qié zi	가지

32	西红柿	xī hóng shì	토마토
33	山药	shān yào	마
34	芋头	yù tou	토란
35	黄豆芽	huáng dòu yá	콩나물
36	绿豆芽	lǜ dòu yá	숙주나물
37	大葱	dà cōng	파
38	香葱	xiāng cōng	쪽파
39	洋葱	yáng cōng	양파
40	生姜	shēng jiāng	생강
41	大蒜	dà suàn	마늘
42	山蒜	shān suàn	산달래
43	蒜苔	suàn tái	마늘쫑
44	辣椒	là jiāo	고추
45	青阳辣椒	qīng yáng là jiāo	청양고추
46	甜椒	tián jiāo	피망
47	彩椒	cǎi jiāo	파프리카
48	胡椒	hú jiāo	호추
49	辣根	là gēn	와사비
50	黄瓜	huáng guā	오이
51	南瓜	nán guā	호박
52	小南瓜	xiǎo nán guā	애호박
53	地瓜	dì guā	고구마
54	冬瓜	dōng guā	동과
55	丝瓜	sī guā	수세미 오이
56	苦瓜	kǔ guā	여주
57	白萝卜	bái luó bo	무
58	青萝卜	qīng luó bo	청무
59	小萝卜	xiǎo luó bo	열무
60	胡萝卜	hú luó bo	당근
61	萝卜芽	luó bo yá	무순
62	芽苗菜	yá miáo cài	새싹 채소
63	野菜	yě cài	나물
64	山蓟菜	shān jì cài	곤드레나물
65	牛蒡	niú bàng	우엉
66	橄榄	gǎn lǎn	올리브

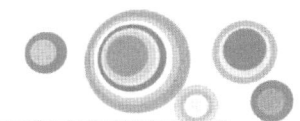

67	芦笋	lú sǔn	아스파라거스
68	竹笋	zhú sǔn	죽순
69	腐竹	fǔ zhú	부죽
70	无头甘蓝	wú tóu gān lán	케일
71	艾蒿	ài hāo	쑥
72	茼蒿	tóng hāo	쑥갓
73	青蒿	qīng hāo	개사철쑥
74	蒲公英	pú gōng yīng	민들레
75	芦荟	lú huì	알로에
76	甜菜	tián cài	비트
77	人参	rén shēn	인삼
78	沙参	shā shēn	더덕
79	桔梗	jié gěng	도라지
80	玉米	yù mǐ	옥수수
81	土豆	tǔ dòu	감자
82	豌豆	wān dòu	완두
83	扁豆	biǎn dòu	제비콩
84	红豆	hóng dòu	콩
85	黄豆	huáng dòu	노란콩
86	绿豆	lǜ dòu	녹두
87	蚕豆	cán dòu	잠두콩
88	花生	huā shēng	땅콩
89	杏仁	xìng rén	아몬드
90	海带	hǎi dài	미역
91	海草	hǎi cǎo	해초
92	海青菜	hǎi qīng cài	파래
93	丁香	dīng xiāng	라일락
94	葫芦	hú lu	조롱박
95	雪莲果	xuě lián guǒ	야콘
96	茴香	huí xiāng	회향
97	枇杷	pí pá	비파
98	秋葵	qiū kuí	오크라
99	桂皮	guì pí	계피
100	松露	sōng lù	송로

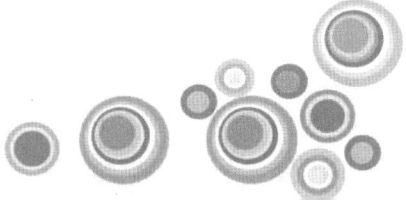

12 중국 요리

순서	중국어	중국어 병음	한국어
1	粤菜	yuè cài	광동식 요리
2	湘菜	xiāng cài	후난식 요리
3	鲁菜	lǔ cài	산둥식 요리
4	川菜	chuān cài	쓰촨식 요리
5	闽菜	mǐn cài	푸젠식 요리
6	浙菜	zhè cài	저장식 요리
7	苏菜	sū cài	지앙쑤식 요리
8	徽菜	huī cài	안후이식 요리
9	饺子	jiǎo zi	물만두
10	馒头	mán tou	찐빵
11	粽子	zòng zi	쫑쯔
12	月饼	yuè bǐng	월병
13	元宵	yuán xiāo	찹쌀떡탕
14	炸酱面	zhá jiàng miàn	짜장면
15	卤肉饭	lǔ ròu fàn	돼지고기 덮밥
16	春卷	chūn juǎn	춘권
17	扬州炒饭	yáng zhōu chǎo fàn	양주식 볶음밥
18	馄饨	hún tun	훈툰
19	腊八粥	là bā zhōu	납팔죽
20	茶叶蛋	chá yè dàn	차계란
21	豆腐脑	dòu fu nǎo	순두부 찌개
22	锅贴	guō tiē	군만두
23	汤包	tāng bāo	고기와 고깃국물이 들어간 찐만두
24	小笼包	xiǎo lóng bāo	샤오룽빠오
25	兰州拉面	lán zhōu lā miàn	란저우식 국수
26	煲仔饭	bāo zǐ fàn	뽀자이밥
27	刀削面	dāo xiāo miàn	칼국수
28	米线	mǐ xiàn	쌀국수
29	豆浆	dòu jiāng	두유
30	油条	yóu tiáo	핫츄
31	热干面	rè gān miàn	열간면

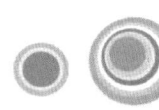
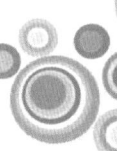

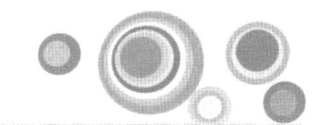

32	萝卜糕	luó bo gāo	무 떡
33	燕窝粥	yàn wō zhōu	제비집 죽
34	炒面	chǎo miàn	볶음면
35	羊肉泡馍	yáng ròu pào mó	양러우파오모
36	叉烧包	chā shāo bāo	차시우바우,만두 요리
37	奶黄包	nǎi huáng bāo	슈크림 찐빵
38	菠萝饭	bō luó fàn	파인애플밥
39	麻花	má huā	꽈배기
40	糖三角	táng sān jiǎo	설탕 소를 넣어 만든 삼각형 찐빵
41	疙瘩汤	gē da tāng	수제빗 국
42	葱油拌面	cōng yóu bàn miàn	파기름비빔면
43	生煎包	shēng jiān bāo	중국식 군만두 요리
44	阳春面	yáng chūn miàn	양춘면
45	烧饼	shāo bǐng	중국식 호떡
46	甜酒汤圆	tián jiǔ tāng yuán	감주 찹쌀떡탕
47	驴肉火烧	lǘ ròu huǒ shāo	당나귀고기 빵
48	火锅	huǒ guō	훠궈, 샤브샤브
49	北京烤鸭	běi jīng kǎo yā	베이징식 오리 구이
50	宫保鸡丁	gōng bǎo jī dīng	궁바우지딩
51	麻辣香锅	má là xiāng guō	마라샹궈
52	羊肉串	yáng ròu chuàn	양꼬치
53	红烧肉	hóng shāo ròu	홍샤오러우, 홍소육
54	溜三丝	liū sān sī	유산슬
55	佛跳墙	fó tiào qiáng	불도장
56	鱼香肉丝	yú xiāng ròu sī	어향 돼지고기 볶음
57	东坡肉	dōng pō ròu	둥포러우,동파육
58	麻婆豆腐	má pó dòu fu	마파두부
59	毛血旺	máo xuè wàng	마오쉐이왕
60	回锅肉	huí guō ròu	후이궈러우
61	糖醋里脊	táng cù lǐ jí	탕수등심
62	麻辣龙虾	má là lóng xiā	마라룽쌰, 가재 요리
63	醪糟	láo zāo	감주
64	口水鸡	kǒu shuǐ jī	커우쉐이지,구수계
65	凤爪	fèng zhuǎ	닭발
66	拔丝地瓜	bá sī dì guā	고구마 맛탕

67	臭豆腐	chòu dòu fu	취두부
68	煎饼果子	jiān bing guǒ zi	젠빙궈즈
69	酱牛肉	jiàng niú ròu	쇠고기 조림
70	白斩鸡	bái zhǎn jī	백숙
71	双皮奶	shuāng pí nǎi	쌍피나이
72	鸡公煲	jī gōng bāo	지궁바오
73	小鸡炖蘑菇	xiǎo jī dùn mó gū	병아리 버섯찜
74	烧鸡	shāo jī	통닭구이
75	糖醋排骨	táng cù pái gǔ	탕수 갈비
76	炒红果	chǎo hóng guǒ	산사자 볶음
77	糯米鸡	nuò mǐ jī	찹쌀 닭곰탕
78	清蒸鱼	qīng zhēng yú	생선찜
79	虾饺	xiā jiǎo	새우 만두
80	烧卖	shāo mài	소맥, 딤섬
81	肠粉	cháng fěn	창 펀
82	麻辣烫	má là tàng	마라탕
83	鸡蛋羹	jī dàn gēng	계란찜
84	扣肉	kòu ròu	구육
85	饸饹	hé le	틀국수
86	咸鸭蛋	xián yā dàn	소금에 절인 오리알
87	糖葫芦	táng hú lu	탕후루
88	三鲜豆皮	sān xiān dòu pí	산센 콩깍지
89	盐焗鸡	yán jú jī	소금을 친 닭찜
90	三杯鸡	sān bēi jī	산베이지
91	醉蟹	zuì xiè	술로 담근 게장
92	肉皮冻	ròu pí dòng	고기묵
93	地三鲜	dì sān xiān	삼색야채볶음
94	番茄炒蛋	fān qié chǎo dàn	토마토 계란 볶음
95	烤全羊	kǎo quán yáng	양 통구이
96	螺蛳粉	luó sī fěn	뤄쓰펀
97	酸辣粉	suān là fěn	시고 매운 쌀국수
98	醋溜白菜	cù liū bái cài	식초를 넣은 배추 요리
99	水煮鱼	shuǐ zhǔ yú	민물 생선 요리
100	酸菜鱼	suān cài yú	백김치 생선 요리

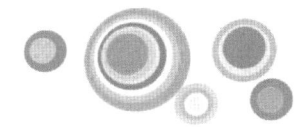

13 한국 요리

순서	중국어	중국어 병음	한국어
1	鱼饼	yú bǐng	어묵
2	鱼饼汤	yú bǐng tāng	어묵탕
3	紫菜包饭	zǐ cài bāo fàn	김밥
4	金枪鱼紫菜包饭	jīn qiāng yú zǐ cài bāo fàn	참치김밥
5	三角饭团	sān jiǎo fàn tuán	삼각기밥
6	饭团	fàn tuán	주먹밥
7	拉面	lā miàn	라면
8	乌冬面	wū dōng miàn	우동면
9	荞麦面	qiáo mài miàn	막국수
10	面片汤	miàn piàn tāng	수제비
11	炸酱面	zhá jiàng miàn	자장면
12	海鲜汤面	hǎi xiān tāng miàn	짬뽕
13	冷面	lěng miàn	냉면
14	拌冷面	bàn lěng miàn	비빔냉면
15	拌面	bàn miàn	비빔면
16	甜米露	tián mǐ lù	식혜
17	五花肉	wǔ huā ròu	삼겹살
18	烤肉	kǎo ròu	불고기
19	糖醋肉	táng cù ròu	탕수육
20	参鸡汤	shēn jī tāng	삼계탕
21	排骨汤	pái gǔ tāng	갈비탕
22	牛肉汤	niú ròu tāng	육개장
23	牛杂碎汤	niú zá suì tāng	설렁탕
24	土豆汤	tǔ dòu tāng	감자찌개
25	泡菜汤	pào cài tāng	김치찌개
26	大酱汤	dà jiàng tāng	된장찌개
27	海带汤	hǎi dài tāng	미역국
28	嫩豆腐汤	nèn dòu fu tāng	순두부찌개
29	年糕汤	nián gāo tāng	떡국
30	炒年糕	chǎo nián gāo	떡볶이
31	炸猪排	zhá zhū pái	돈까스

 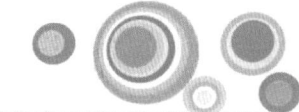

32	猪蹄	zhū tí	족발
33	辣鸡爪	là jī zhuǎ	매운 닭발
34	鸡蛋卷	jī dàn juǎn	계란말이
35	鸡蛋羹	jī dàn gēng	계란찜
36	油炸食物	yóu zhá shí wù	튀김
37	炸薯条	zhá shǔ tiáo	감자튀김
38	炸鸡翅	zhá jī chì	닭날개튀김
39	热狗	rè gǒu	핫도그
40	芝士热狗	zhī shì rè gǒu	치즈핫도그
41	米肠	mǐ cháng	순대
42	拌饭	bàn fàn	비빔밥
43	石锅拌饭	shí guō bàn fàn	돌솥 비빔밥
44	炒饭	chǎo fàn	볶음밥
45	辣白菜炒饭	là bái cài chǎo fàn	김치볶음밥
46	铁板炒饭	tiě bǎn chǎo fàn	철판 볶음밥
47	盖饭	gài fàn	덮밥
48	炒猪肉盖饭	chǎo zhū ròu gài fàn	제육덮밥
49	咖喱盖浇饭	gā lí gài jiāo fàn	카레덮밥
50	咖喱猪排盖浇饭	gā lí zhū pái gài jiāo fàn	카레돈가스 덮밥
51	咖喱海鲜盖浇饭	gā lí hǎi xiān gài jiāo fàn	카레해물 덮밥
52	蛋包饭	dàn bāo fàn	오므라이스
53	炸酱饭	zhá jiàng fàn	자장밥
54	豆芽汤饭	dòu yá tāng fàn	콩나물국밥
55	刀切面	dāo qiē miàn	칼국수
56	喜面	xǐ miàn	잔치국수
57	米粉	mǐ fěn	쌀국수
58	杂菜	zá cài	잡채
59	炒章鱼	chǎo zhāng yú	낙지볶음
60	酱鸡	jiàng jī	양념치킨
61	炸鸡	zhá jī	치킨
62	鸡排	jī pái	닭갈비
63	烤鱿鱼	kǎo yóu yú	오징어불고기
64	水饺	shuǐ jiǎo	물만두
65	蒸饺	zhēng jiǎo	찐만두
66	泡面水饺	pào miàn shuǐ jiǎo	라면만두

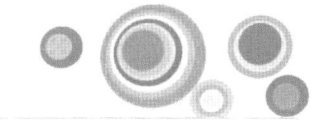

67	煎饺	jiān jiǎo	군만두
68	泡菜饼	pào cài bǐng	김치전
69	海鲜饼	hǎi xiān bǐng	해물파전
70	韭菜饼	jiǔ cài bǐng	부추전
71	葱饼	cōng bǐng	파전
72	绿豆饼	lǜ dòu bǐng	빈대떡
73	土豆饼	tǔ dòu bǐng	감자전
74	南瓜饼	nán guā bǐng	호박전
75	沙拉	shā lā	야채샐러드
76	部队火锅	bù duì huǒ guō	부대찌개
77	冻明太鱼汤	dòng míng tài yú tāng	동태찌개
78	金枪鱼泡菜汤	jīn qiāng yú pào cài tāng	참치김치찌개
79	花蟹酱汤	huā xiè jiàng tāng	꽃게 찌개
80	海鲜汤	hǎi xiān tāng	해물탕
81	明太鱼酱汤	míng tài yú jiàng tāng	명란젓 찌개
82	红蛤酱汤	hóng há jiàng tāng	홍합 찌개
83	辣味汤	là wèi tāng	매운탕
84	牛尾汤	niú wěi tāng	꼬리곰탕
85	泡菜锅	pào cài guō	김치전골
86	饺子锅	jiǎo zi guō	만두전골
87	米肠汤	mǐ cháng tāng	순댓국
88	鲍鱼粥	bào yú zhōu	전복죽
89	南瓜粥	nán guā zhōu	호박죽
90	红豆粥	hóng dòu zhōu	팥죽
91	鲫鱼饼	jì yú bǐng	붕어빵
92	米糕	mǐ gāo	쌀떡
93	糖饼	táng bǐng	호떡
94	松饼	sōng bǐng	송편
95	白米蒸糕	bái mǐ zhēng gāo	백설기
96	彩虹打糕	cǎi hóng dǎ gāo	무지개떡
97	辣白菜泡菜	là bái cài pào cài	배추김치
98	嫩萝卜泡菜	nèn luó bo pào cài	총각김치
99	黄瓜泡菜	huáng guā pào cài	오이김치
100	萝卜块泡菜	luó bo kuài pào cài	깍두기

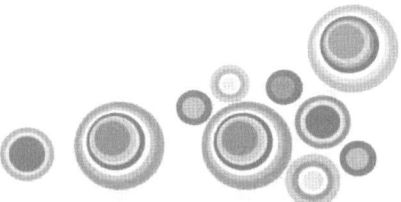

14 과일

순서	중국어	중국어 병음	한국어
1	水果	shuǐ guǒ	과일
2	苹果	píng guǒ	사과
3	橘子	jú zi	귤
4	蜜橘	mì jú	감귤
5	丑橘	chǒu jú	한라봉
6	香蕉	xiāng jiāo	바나나
7	梨	lí	배
8	西瓜	xī guā	수박
9	桃子	táo zi	복숭아
10	芒果	máng guǒ	망고
11	野生芒果	yě shēng máng guǒ	와일드 망고
12	草莓	cǎo méi	딸기
13	菠萝	bō luó	파인애플
14	蓝莓	lán méi	블루 베리
15	黑莓	hēi méi	블랙 베리
16	哈密瓜	hā mì guā	하미과
17	香瓜	xiāng guā	참외
18	葡萄	pú táo	포도
19	橙子	chéng zi	오렌지
20	椰子	yē zi	야자
21	樱桃	yīng táo	작은 체리
22	车厘子	chē lí zi	체리
23	猕猴桃	mí hóu táo	키위
24	石榴	shí liú	석류
25	柚子	yòu zi	유자
26	榴莲	liú lián	두리안
27	红枣	hóng zǎo	대추
28	李子	lǐ zǐ	자두
29	杏	xìng	살구
30	荔枝	lì zhī	여지/리치
31	山楂	shān zhā	산사

 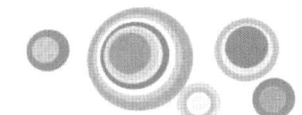

32	火龙果	huǒ lóng guǒ	용과
33	山竹	shān zhú	망고스틴
34	哈密瓜	hā mì guā	메론
35	桂圆	guì yuán	용안
36	龙眼	lóng yǎn	용안
37	牛油果	niú yóu guǒ	아보카도
38	柿子	shì zi	감
39	柿饼	shì bǐng	곶감
40	西红柿	xī hóng shì	토마토
41	小西红柿	xiǎo xī hóng shì	방울 토마토
42	柠檬	níng méng	레몬
43	木瓜	mù guā	파파야
44	甜瓜	tián guā	참외
45	槟榔	bīn láng	빈랑
46	银杏	yín xìng	은행
47	葡萄柚	pú táo yòu	자몽
48	红葡萄柚	hóng pú táo yòu	레드 자몽
49	酸橙	suān chéng	라임
50	杨桃	yáng táo	다래
51	油桃	yóu táo	유도
52	栗子	lì zǐ	밤
53	无花果	wú huā guǒ	무화과
54	百香果	bǎi xiāng guǒ	백향과
55	开心果	kāi xīn guǒ	피스타치오
56	鸡蛋果	jī dàn guǒ	패션 프루트
57	桑葚	sāng rèn	뽕열매
58	野樱莓	yě yīng méi	아로니아
59	青梅	qīng méi	매실
60	甘蔗	gān zhè	사탕수수
61	拓果	tà guǒ	꾸지뽕
62	五味子	wǔ wèi zi	오미자
63	覆盆子	fù pén zi	복분자
64	番石榴	fān shí liú	구아바
65	莲雾果	lián wù guǒ	자바애플
66	番荔枝	fān lì zhī	슈가애플

67	腰果	yāo guǒ	캐슈너트
68	瓜子	guā zǐ	해바라기 씨
69	松子	sōng zǐ	잣
70	坚果	jiān guǒ	견과 류
71	果脯	guǒ fǔ	설탕절임과일
72	核桃	hé táo	호두
73	榛子	zhēn zi	진자
74	核	hé	과일 씨
75	皮	pí	껍질
76	果肉	guǒ ròu	과육
77	葡萄干	pú táo gān	건포도
78	果酒	guǒ jiǔ	과일주
79	果酱	guǒ jiàng	과일쨈
80	果汁	guǒ zhī	쥬스
81	果干	guǒ gān	건과일
82	罐头	guàn tóu	통조림
83	水果店	shuǐ guǒ diàn	과일가게
84	应季	yìng jì	제철
85	特产	tè chǎn	특산품
86	速冻水果	sù dòng shuǐ guǒ	냉동 과일
87	国产水果	guó chǎn shuǐ guǒ	국산 과일
88	进口水果	jìn kǒu shuǐ guǒ	수입 과일
89	热带水果	rè dài shuǐ guǒ	열대 과일
90	酸	suān	시다
91	甜	tián	달다
92	苦	kǔ	쓰다
93	辣	là	맵다
94	熟	shú	익다
95	硬	yìng	딱딱하다
96	软	ruǎn	부드럽다
97	脆	cuì	바삭바삭하다
98	贵	guì	비싸다
99	烂	làn	썩다
100	新鲜	xīn xiān	신선하다

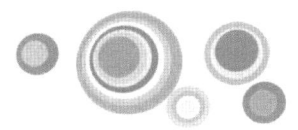

15 동물

순서	중국어	중국어 병음	한국어
1	动物	dòng wù	동물
2	老鼠	lǎo shǔ	쥐
3	牛	niú	소
4	老虎	lǎo hǔ	호랑이
5	兔子	tù zǐ	토끼
6	龙	lóng	용
7	蛇	shé	뱀
8	马	mǎ	말
9	羊	yáng	양
10	猴子	hóu zi	원숭이
11	鸡	jī	닭
12	狗	gǒu	개
13	猪	zhū	돼지
14	猫	māo	고양이
15	鹅	é	거위
16	鸭子	yā zi	오리
17	黑猩猩	hēi xīng xīng	침팬지
18	狮子	shī zi	사자
19	美洲狮	měi zhōu shī	퓨마
20	大象	dà xiàng	코끼리
21	狼	láng	늑대
22	豹子	bào zi	표범
23	狐狸	hú lí	여우
24	骆驼	luò tuó	낙타
25	斑马	bān mǎ	얼룩말
26	牦牛	máo niú	야크
27	犀牛	xī niú	코뿔소
28	袋鼠	dài shǔ	캥거루
29	松鼠	sōng shǔ	다람쥐
30	熊猫	xióng māo	팬더

31	长颈鹿	cháng jǐng lù	기린
32	企鹅	qì é	펭귄
33	猫头鹰	māo tóu yīng	부엉이
34	蜥蜴	xī yì	도마뱀
35	鼹鼠	yǎn shǔ	두더지
36	考拉	kǎo lā	코알라
37	浣熊	huàn xióng	라쿤
38	熊	xióng	곰
39	北极熊	běi jí xióng	북극곰
40	老鹰	lǎo yīng	매
41	天鹅	tiān é	백조
42	猫头鹰	māo tóu yīng	부엉이
43	啄木鸟	zhuó mù niǎo	딱따구리
44	蝙蝠	biān fú	박쥐
45	火鸡	huǒ jī	칠면조
46	鸵鸟	tuó niǎo	타조
47	孔雀	kǒng què	공작
48	八哥	bā gē	구관조
49	海鸥	hǎi ōu	갈매기
50	鸽子	gē zi	비둘기
51	乌鸦	wū yā	까마귀
52	喜鹊	xǐ què	까치
53	鹦鹉	yīng wǔ	앵무새
54	麻雀	má què	참새
55	燕子	yàn zi	제비
56	飞蛾	fēi é	나방
57	蜜蜂	mì fēng	꿀벌
58	蝴蝶	hú dié	나비
59	蜻蜓	qīng tíng	잠자리
60	蜘蛛	zhī zhū	거미
61	萤火虫	yíng huǒ chóng	반딧불
62	瓢虫	piáo chóng	무당 벌레
63	苍蝇	cāng yíng	파리
64	蚊子	wén zi	모기
65	蚂蚱	mà zhà	메뚜기

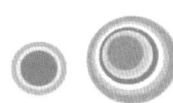 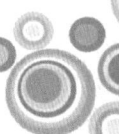

66	刺猬	cì wèi	고슴도치
67	乌龟	wū guī	거북이
68	蜗牛	wō niú	달팽이
69	蚂蚁	mǎ yǐ	개미
70	蚯蚓	qiū yǐn	지렁이
71	蜈蚣	wú gōng	지네
72	螳螂	táng láng	사마귀
73	蟑螂	zhāng láng	바퀴벌레
74	鱼	yú	물고기
75	虾	xiā	새우
76	蚌	bàng	조개
77	贝壳	bèi ké	조개 껍데기
78	牡蛎	mǔ lì	굴
79	螃蟹	páng xiè	꽃게
80	青蛙	qīng wā	개구리
81	海豚	hǎi tún	돌고래
82	鲨鱼	shā yú	상어
83	鲸鱼	jīng yú	고래
84	鳄鱼	è yú	악어
85	海象	hǎi xiàng	코끼리
86	海豹	hǎi bào	바다표범
87	海狮	hǎi shī	바다 사자
88	水獭	shuǐ tǎ	수달
89	河马	hé mǎ	하마
90	章鱼	zhāng yú	문어
91	乌贼	wū zéi	오징어
92	水母	shuǐ mǔ	해파리
93	海星	hǎi xīng	불가사리
94	海葵	hǎi kuí	말미잘
95	海胆	hǎi dǎn	성게
96	海龟	hǎi guī	바다 거북이
97	珊瑚	shān hú	산호
98	金鱼	jīn yú	금붕어
99	鲤鱼	lǐ yú	잉어
100	热带鱼	rè dài yú	열대어

16 직업

순서	중국어	중국어 병음	한국어
1	教师	jiào shī	교사
2	工人	gōng rén	노동자
3	记者	jì zhě	기자
4	演员	yǎn yuán	배우
5	歌手	gē shǒu	가수
6	主持人	zhǔ chí rén	MC
7	导演	dǎo yǎn	감독
8	摄影师	shè yǐng shī	카메라맨
9	编剧	biān jù	작가
10	医生	yī shēng	의사
11	护士	hù shì	간호사
12	厨师	chú shī	셰프
13	司机	sī jī	기사
14	警察	jǐng chá	경찰
15	军人	jūn rén	군인
16	律师	lǜ shī	변호사
17	法官	fǎ guān	판사
18	保安	bǎo ān	경비원
19	商人	shāng rén	상인
20	会计	kuài jì	회계
21	店员	diàn yuán	점원
22	作家	zuò jiā	작가
23	画家	huà jiā	화가
24	舞蹈家	wǔ dǎo jiā	무용가, 댄서
25	书法家	shū fǎ jiā	서예가
26	科学家	kē xué jiā	과학자
27	企业家	qǐ yè jiā	사업가
28	外交官	wài jiāo guān	외교관
29	建筑师	jiàn zhù shī	건축사
30	药剂师	yào jì shī	약사
31	麻醉师	má zuì shī	마취사

 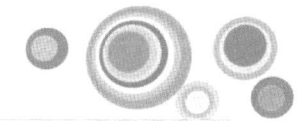

32	面点师	miàn diǎn shī	제빵사
33	化妆师	huà zhuāng shī	메이크업 아티스트
34	理发师	lǐ fà shī	이발사
35	美容师	měi róng shī	미용사
36	造型师	zào xíng shī	스타일리스트
37	设计师	shè jì shī	디자이너
38	消防员	xiāo fáng yuán	소방대원
39	邮递员	yóu dì yuán	우편 집배원
40	快递员	kuài dì yuán	택배원
41	外卖配送员	wài mài pèi sòng yuán	배달원, 라이더
42	救生员	jiù shēng yuán	구조 대원
43	运动员	yùn dòng yuán	운동선수
44	售货员	shòu huò yuán	판매원
45	工程师	gōng chéng shī	엔지니어
46	飞行员	fēi xíng yuán	비행기 조종사
47	服务员	fú wù yuán	종업원
48	质检员	zhì jiǎn yuán	품질 검사원
49	采购员	cǎi gòu yuán	구매 담당자
50	导购员	dǎo gòu yuán	구매 도우미
51	程序员	chéng xù yuán	프로그래머
52	推销员	tuī xiāo yuán	세일즈맨
53	收银员	shōu yín yuán	수납원
54	评论员	píng lùn yuán	평론가
55	播音员	bò yīn yuán	아나운서
56	电视导购员	diàn shì dǎo gòu yuán	쇼호스트
57	营养师	yíng yǎng shī	영양사
58	清洁工	qīng jié gōng	환경 미화원
59	经纪人	jīng jì rén	매니저
60	园丁	yuán dīng	원예사
61	职员	zhí yuán	직원
62	全职妈妈	quán zhí mā mā	전업주부
63	经理	jīng lǐ	사장
64	总经理	zǒng jīng lǐ	CEO
65	董事长	dǒng shì zhǎng	회장, 이사장
66	秘书	mì shū	비서

67	厂长	chǎng zhǎng	공장장
68	助理	zhù lǐ	보조
69	总监	zǒng jiān	부장
70	主管	zhǔ guǎn	팀장
71	翻译	fān yì	번역자
72	教授	jiào shòu	교수
73	机长	jī zhǎng	기장
74	空姐	kōng jiě	스튜어디스, 승무원
75	模特	mó tè	모델
76	编辑	biān jí	편집자
77	教练	jiào liàn	코치
78	农民	nóng mín	농민
79	导游	dǎo yóu	가이더
80	兽医	shòu yī	수의
81	助教	zhù jiào	조교
82	讲师	jiǎng shī	강사
83	主播	zhǔ bō	캐스터
84	木匠	mù jiàng	목수
85	矿工	kuàng gōng	광부
86	网红	wǎng hóng	인터넷 스타
87	代驾	dài jià	대리 운전
88	公务员	gōng wù yuán	공무원
89	院长	yuàn zhǎng	원장
90	主任	zhǔ rèn	주임
91	校长	xiào zhǎng	교장
92	店长	diàn zhǎng	지점장
93	自由职业者	zì yóu zhí yè zhě	프리랜서
94	实习生	shí xí shēng	인턴
95	保姆	bǎo mǔ	가정부
96	志愿者	zhì yuàn zhě	자원봉사자
97	专家	zhuān jiā	전문가
98	制作人	zhì zuò rén	프로듀서
99	客服	kè fú	고객서비스 직원
100	电竞选手	diàn jìng xuǎn shǒu	프로게이머

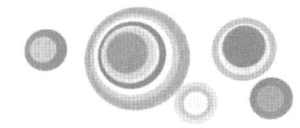

17 수상 교통

순서	중국어	중국어 병음	한국어
1	海洋	hǎi yáng	해양
2	船舶	chuán bó	배
3	船运	chuán yùn	운항
4	船长	chuán zhǎng	선장
5	船东	chuán dōng	선주
6	船员	chuán yuán	선원
7	水手	shuǐ shǒu	선원
8	海盗	hǎi dào	해적
9	海警	hǎi jǐng	해양 경찰
10	海军	hǎi jūn	해군
11	航运	háng yùn	해운
12	吨位	dūn wèi	톤수
13	船型	chuán xíng	선형
14	航线	háng xiàn	항편
15	船名	chuán míng	선명
16	帆船	fān chuán	요트
17	渔船	yú chuán	어선
18	渡船	dù chuán	나룻배
19	轮船	lún chuán	기선
20	民船	mín chuán	민간 선박
21	商船	shāng chuán	상선
22	客船	kè chuán	여객선
23	驳船	bó chuán	바지선
24	邮轮	yóu lún	크루즈
25	拖船	tuō chuán	예인선
26	竹筏	zhú fá	대나무 뗏목
27	游艇	yóu tǐng	요트
28	舢板	shān bǎn	멍에
29	班轮	bān lún	정기선
30	快艇	kuài tǐng	보트
31	汽艇	qì tǐng	모터보트

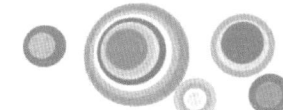

32	潜艇	qián tǐng	잠수함
33	船头	chuán tóu	선두
34	船体	chuán tǐ	선체
35	船厂	chuán chǎng	조선소
36	舵机	duò jī	조타기
37	船尾	chuán wěi	선미, 고물
38	船桨	chuán jiǎng	노
39	罗盘	luó pán	나침반
40	甲板	jiǎ bǎn	갑판
41	货舱	huò cāng	선창
42	客舱	kè cāng	객실
43	粮船	liáng chuán	식량 운송선
44	油船	yóu chuán	유조선
45	木排	mù pái	뗏목
46	货物	huò wù	화물
47	码头	mǎ tóu	부두
48	港口	gǎng kǒu	항구
49	船帆	chuán fān	(배의) 돛
50	船票	chuán piào	배표
51	海域	hǎi yù	해역
52	载重吨	zài zhòng dūn	중량톤
53	租船人	zū chuán rén	용선자
54	修船厂	xiū chuán chǎng	선박 수리장
55	集装箱	jí zhuāng xiāng	컨테이너
56	橡皮艇	xiàng pí tǐng	고무보트
57	帆布艇	fān bù tǐng	켄버스 보트
58	独木舟	dú mù zhōu	카누
59	捕鲸船	bǔ jīng chuán	포경선
60	走私船	zǒu sī chuán	밀선
61	机帆船	jī fān chuán	기범선
62	客货船	kè huò chuán	화객선
63	散货船	sǎn huò chuán	건화물선
64	挖泥船	wā ní chuán	준설선
65	起重船	qǐ zhòng chuán	기중기선
66	缉私船	jī sī chuán	밀수 감시선

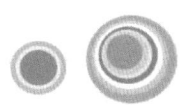

67	救生衣	jiù shēng yī	구명 조끼
68	救生圈	jiù shēng quān	라이프부이
69	救生筏	jiù shēng fá	라이프라프트
70	登陆艇	dēng lù tǐng	상륙정
71	新造船	xīn zào chuán	신조선
72	二手船	èr shǒu chuán	중고선
73	运输舰	yùn shū jiàn	수송함
74	运煤船	yùn méi chuán	석탄 운송선
75	给水船	jǐ shuǐ chuán	급수선
76	消防船	xiāo fáng chuán	소방선
77	破冰船	pò bīng chuán	쇄빙선
78	补给舰	bǔ jǐ jiàn	보급선
79	护航船	hù háng chuán	호송함
80	引航船	yǐn háng chuán	안내선
81	轮渡	lún dù	페리
82	打捞船	dǎ lāo chuán	구조선
83	船用油	chuán yòng yóu	벙커유
84	抽气机	chōu qì jī	배기 펌프
85	螺旋桨	luó xuán jiǎng	스크루
86	淡水舱	dàn shuǐ cāng	청수 탱크
87	主甲板	zhǔ jiǎ bǎn	주갑판
88	头等舱	tóu děng cāng	일등 선실
89	行李房	xíng lǐ fáng	수화물 취급소
90	压舱物	yā cāng wù	밸러스트
91	驾驶室	jià shǐ shì	조타실
92	吃水线	chī shuǐ xiàn	흘수선
93	载重线	zài zhòng xiàn	만재 흘수선
94	方位线	fāng wèi xiàn	방위선
95	信号塔	xìn hào tǎ	신호탑
96	探照灯	tàn zhào dēng	서치라이트
97	导航设备	dǎo háng shè bèi	항법 설비
98	汽车渡船	qì chē dù chuán	카페리
99	压载水舱	yā zǎi shuǐ cāng	평형수 탱크
100	集装箱船	jí zhuāng xiāng chuán	컨테이너선

18 대중 교통

순서	중국어	중국어 병음	한국어
1	公交	gōng jiāo	버스
2	地铁	dì tiě	지하철
3	火车	huǒ chē	기차
4	高铁	gāo tiě	초고속 열차
5	动车	dòng chē	동력차
6	站	zhàn	역
7	飞机	fēi jī	비행기
8	机场	jī chǎng	공항
9	商务舱	shāng wù cāng	비즈니스 클래스
10	经济舱	jīng jì cāng	이코노미 클래스
11	头等舱	tóu děng cāng	퍼스트 클래스
12	商务座	shāng wù zuò	비지니스석
13	一等座	yī děng zuò	일등석
14	二等座	èr děng zuò	이등석
15	出租车	chū zū chē	택시
16	滴滴打车	dī dī dǎ chē	디디 콜택시
17	拼车	pīn chē	카풀, 택시 합승
18	乘车码	chéng chē mǎ	탑승 QR 코드
19	民航	mín háng	민간 항공
20	共享单车	gòng xiǎng dān chē	공유 자전거
21	轻轨	qīng guǐ	경전철
22	城际铁路	chéng jì tiě lù	도시간의 철도
23	磁悬浮列车	cí xuán fú liè chē	자기 부상 열차
24	安检	ān jiǎn	안전 검사
25	自动售票机	zì dòng shòu piào jī	자동 매표기
26	取票	qǔ piào	표을 받다
27	退票	tuì piào	표를 환불하다
28	电子客票	diàn zǐ kè piào	전자 티켓
29	售票窗口	shòu piào chuāng kǒu	매표 창구
30	人工服务	rén gōng fú wù	인공 서비스
31	充值	chōng zhí	충전

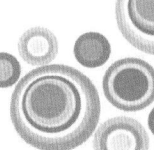

32	公交卡	gōng jiāo kǎ	버스 카드
33	单程票	dān chéng piào	편도표
34	往返票	wǎng fǎn piào	왕복표
35	通票	tōng piào	자유 이용권
36	闸机	zhá jī	자동 개찰기
37	时刻表	shí kè biǎo	시간표
38	月票	yuè piào	월정액권
39	学生票	xué shēng piào	학생표
40	优待票	yōu dài piào	우대표
41	逃票	táo piào	무임승차
42	站台	zhàn tái	플랫폼
43	候车室	hòu chē shì	대합실
44	检票口	jiǎn piào kǒu	개찰구
45	进站口	jìn zhàn kǒu	역 입구
46	出站口	chū zhàn kǒu	역 출구
47	长途大巴	cháng tú dà bā	고속버스
48	车厢	chē xiāng	(열차의) 객실이나 수화물칸
49	广播	guǎng bō	방송
50	航班	háng bān	항공편
51	座位号	zuò wèi hào	좌석 번호
52	登机口	dēng jī kǒu	탑승구
53	机场大巴	jī chǎng dà bā	공항버스
54	摆渡车	bǎi dù chē	셔틀 버스
55	换乘站	huàn chéng zhàn	환승역
56	（1/2/…）号线	(1/2/…) hào xiàn	(1/2/…)호선
57	路线图	lù xiàn tú	노선표
58	上车	shàng chē	차를 타다
59	下车	xià chē	차에서 내리다
60	投币口	tóu bì kǒu	동전 투입구
61	安全锤	ān quán chuí	안전해머
62	双层巴士	shuāng céng bā shì	이층 버스
63	扶手	fú shǒu	손잡이
64	终点站	zhōng diǎn zhàn	종점
65	零钱	líng qián	잔돈
66	公共汽车总站	gōng gòng qì chē zǒng zhàn	버스 터미널

67	安全带	ān quán dài	안전벨트
68	后备箱	hòu bèi xiāng	트렁크
69	计价器	jì jià qì	택시 미터기
70	红绿灯	hóng lǜ dēng	교통 신호등
71	餐车	cān chē	식당차
72	小桌板	xiǎo zhuō bǎn	트레이
73	行李架	xíng lǐ jià	짐칸
74	卧铺	wò pù	침대차
75	硬卧	yìng wò	침대칸
76	软卧	ruǎn wò	고급 침대칸
77	上铺	shàng pù	노픈 침대
78	下铺	xià pù	아래 침대
79	中铺	zhōng pù	중간 침대
80	硬座	yìng zuò	보통 좌석
81	实名购票	shí míng gòu piào	실명으로 표를 구입하다.
82	补票	bǔ piào	타고 난 뒤에 표를 끊다
83	航站楼	háng zhàn lóu	터미널
84	机场跑道	jī chǎng pǎo dào	공항 활주로
85	晚点	wǎn diǎn	늦게 도착하다
86	站票	zhàn piào	입석권
87	停运	tíng yùn	운행 정지
88	停飞	tíng fēi	결항
89	登机牌	dēng jī pái	탑승권
90	行李托运	xíng lǐ tuō yùn	수하물을 탁송하다
91	顺风车	shùn fēng chē	순풍차
92	快车	kuài chē	개인 자가용 콜
93	上车地点	shàng chē dì diǎn	승차 지점
94	目的地	mù dì dì	목적지
95	预约	yù yuē	예약
96	接机	jiē jī	공항에 가서 영접하다
97	送机	sòng jī	공항에 가서 전송하다
98	一键报警	yí jiàn bào jǐng	원클릭 신고
99	车费	chē fèi	차비
100	车牌号	chē pái hào	차량 번호

19 정부

순서	중국어	중국어 병음	한국어
1	政府	zhèng fǔ	정부
2	主席	zhǔ xí	주석
3	总统	zǒng tǒng	대통령
4	总理	zǒng lǐ	총리
5	国会	guó huì	국회
6	议员	yì yuán	의원
7	内阁	nèi gé	내각
8	首相	shǒu xiàng	수상
9	大臣	dà chén	대신
10	长官	zhǎng guān	장관
11	选举	xuǎn jǔ	선거
12	提名	tí míng	지명
13	竞选	jìng xuǎn	경선
14	选民	xuǎn mín	선거 유권자
15	任命	rèn mìng	임명
16	任期	rèn qī	임기
17	免职	miǎn zhí	면직되다
18	国王	guó wáng	왕
19	王室	wáng shì	왕실
20	工党	gōng dǎng	노동당
21	当局	dāng jú	당국
22	法令	fǎ lìng	법령
23	条例	tiáo lì	규칙
24	制度	zhì dù	제도
25	规定	guī dìng	규정
26	政党	zhèng dǎng	정당
27	政客	zhèng kè	정치인
28	原则	yuán zé	원칙
29	主权	zhǔ quán	주권
30	阶级	jiē jí	계급
31	左派	zuǒ pài	좌파

32	右派	yòu pài	우파
33	统治	tǒng zhì	통치
34	改革	gǎi gé	개혁
35	国务院	guó wù yuàn	국무원
36	主席团	zhǔ xí tuán	의장단
37	委员会	wěi yuán huì	위원회
38	秘书处	mì shū chù	비서실
39	外交部	wài jiāo bù	외무부
40	国防部	guó fáng bù	국방부
41	教育部	jiào yù bù	교육부
42	监察部	jiān chá bù	감찰부
43	民政部	mín zhèng bù	민정부
44	司法部	sī fǎ bù	사법부
45	法务部	fǎ wù bù	법무부
46	财政部	cái zhèng bù	재무부
47	人事部	rén shì bù	인사부
48	文化部	wén huà bù	문화부
49	统计局	tǒng jì jú	통계국
50	旅游局	lǚ yóu jú	관광국
51	国务卿	guó wù qīng	(미국의) 국무 장관.
52	参议院	cān yì yuàn	참의원
53	众议院	zhòng yì yuàn	중의원
54	上议院	shàng yì yuàn	상원
55	下议院	xià yì yuàn	하원
56	议会制	yì huì zhì	대의제
57	共产党	gòng chǎn dǎng	공산당
58	民主党	mín zhǔ dǎng	민주당
59	保守党	bǎo shǒu dǎng	보수당
60	共和党	gòng hé dǎng	공화당
61	在野党	zài yě dǎng	야당
62	执政党	zhí zhèng dǎng	여당
63	保守派	bǎo shǒu pài	보수파
64	激进派	jī jìn pài	진보파
65	多数派	duō shù pài	다수파
66	少数派	shǎo shù pài	소수파

67	反对派	fǎn duì pài	반대파
68	自治权	zì zhì quán	자치권
69	选举权	xuǎn jǔ quán	선거권
70	政府首脑	zhèng fǔ shǒu nǎo	정부 수뇌
71	国务委员	guó wù wěi yuán	국무 위원
72	行政部门	xíng zhèng bù mén	행정 부서
73	监察部门	jiān chá bù mén	감찰 부서
74	司法部门	sī fǎ bù mén	사법 부서
75	政府管制	zhèng fǔ guǎn zhì	정부 통제
76	宏观调控	hóng guān tiáo kòng	거시 경제 관리
77	人大代表	rén dà dài biǎo	인민대표대회 대표
78	社会保障	shè huì bǎo zhàng	사회보장
79	保守主义	bǎo shǒu zhǔ yì	보수주의
80	激进主义	jī jìn zhǔ yì	급진주의
81	中央政府	zhōng yāng zhèng fǔ	중앙 정부
82	地方政府	dì fāng zhèng fǔ	지방 정부
83	官僚政府	guān liáo zhèng fǔ	관료 정부
84	寡头政治	guǎ tóu zhèng zhì	과두 정치
85	政治纲领	zhèng zhì gāng lǐng	정치 강령
86	社会主义	shè huì zhǔ yì	사회주의
87	资本主义	zī běn zhǔ yì	자본주의
88	指导方针	zhǐ dǎo fāng zhēn	가이드라인
89	政治体制	zhèng zhì tǐ zhì	정치 체제
90	中央集权	zhōng yāng jí quán	중앙 집권
91	三权分立	sān quán fēn lì	삼권 분립
92	科学技术部	kē xué jì shù bù	과학기술부
93	国家安全部	guó jiā ān quán bù	국가 정보원
94	新闻出版署	xīn wén chū bǎn shǔ	신문 출판서
95	国家版权局	guó jiā bǎn quán jú	국가판권국
96	立法委员会	lì fǎ wěi yuán huì	입법 위원회
97	民主共和制	mín zhǔ gòng hé zhì	민주 공화제
98	君主立宪制	jūn zhǔ lì xiàn zhì	입헌 군주제
99	人民代表大会	rén mín dài biǎo dà huì	인민 대표 대회
100	市场监督管理局	shì chǎng jiān dū guǎn lǐ jú	시장 감독 관리국

20 공항

순서	중국어	중국어 병음	한국어
1	机场	jī chǎng	공항
2	航站楼	háng zhàn lóu	공항터미널
3	客机	kè jī	여객기
4	跑道	pǎo dào	활주로
5	停机坪	tíng jī píng	비행기 계류장
6	塔台	tǎ tái	관제탑
7	护照	hù zhào	여권
8	签证	qiān zhèng	비자
9	班次	bān cì	운행 편수
10	航班号	háng bān hào	항공편 번호
11	座位号	zuò wèi hào	좌석 번호
12	登机牌	dēng jī pái	탑승권
13	出发	chū fā	출발
14	抵达	dǐ dá	도착
15	目的地	mù dì dì	목적지
16	飞机餐	fēi jī cān	기내식
17	毯子	tǎn zi	담요
18	呕吐袋	ǒu tù dài	구토주머니
19	入境卡	rù jìng kǎ	입국카드
20	出境卡	chū jìng kǎ	출국카드
21	机票	jī piào	항공권
22	行李单	xíng lǐ dān	수하물표
23	单程	dān chéng	편도
24	往返	wǎng fǎn	왕복
25	遗失物	yí shī wù	분실물
26	行李推车	xíng lǐ tuī chē	수화물 카트
27	登机时间	dēng jī shí jiān	탑승 시간
28	登机手续	dēng jī shǒu xù	탑승 수속
29	旅行手册	lǚ xíng shǒu cè	여행 팸플릿
30	机长	jī zhǎng	기장
31	乘务员	chéng wù yuán	승무원

32	地勤人员	dì qín rén yuán	지상직원
33	行李箱	xíng lǐ xiāng	트렁크
34	随身行李	suí shēn xíng lǐ	수하물
35	超重行李	chāo zhòng xíng lǐ	초과 수하물
36	易碎品	yì suì pǐn	깨지기 쉬운 물건
37	易燃品	yì rán pǐn	인화성 물품
38	违禁品	wéi jìn pǐn	금제품
39	私人物品	sī rén wù pǐn	개인 물품
40	贵重物品	guì zhòng wù pǐn	귀중품
41	售票处	shòu piào chù	매표소
42	安检口	ān jiǎn kǒu	안전검사구
43	登机口	dēng jī kǒu	탑승구
44	行李转盘	xíng lǐ zhuàn pán	수화물 컨베이어
45	失物招领处	shī wù zhāo lǐng chù	분실물 센터
46	行李寄存处	xíng lǐ jì cún chù	수화물 보관소
47	行李托运处	xíng lǐ tuō yùn chù	수화물 탁송소
48	吸烟室	xī yān shì	흡연실
49	候机室	hòu jī shì	공항 대합실
50	咨询处	zī xún chù	안내소
51	卫生间	wèi shēng jiān	화장실
52	母婴室	mǔ yīng shì	모유실
53	自助值机	zì zhù zhí jī	셀프 체크인
54	护照检查处	hù zhào jiǎn chá chù	여권 심사대
55	机场贵宾室	jī chǎng guì bīn shì	귀빈실
56	登机通道	dēng jī tōng dào	탑승 통로
57	金属探测器	jīn shǔ tàn cè qì	금속 탐지기
58	X光行李检查机	X guāng xíng lǐ jiǎn chá jī	엑스레이 수하물 검색기
59	出入境管理处	chū rù jìng guǎn lǐ chù	출입국관리소
60	入境审查	rù jìng shěn chá	입국심사
61	入境通道	rù jìng tōng dào	입국 통로
62	入境申请表	rù jìng shēn qǐng biǎo	입국 신고서
63	入境大厅	rù jìng dà tīng	입국장
64	紧急出口	jǐn jí chū kǒu	비상구
65	航空公司	háng kōng gōng sī	항공사
66	航线	háng xiàn	노선

67	直达航班	zhí dá háng bān	직항편
68	转乘航班	zhuǎn chéng háng bān	환승편
69	早班飞机	zǎo bān fēi jī	아침 비행기
70	晚班飞机	wǎn bān fēi jī	저녁 비행기
71	特价机票	tè jià jī piào	특가 항공권
72	国际航班	guó jì háng bān	국제선
73	国内航班	guó nèi háng bān	국내선
74	头等舱	tóu děng cāng	일등석
75	商务舱	shāng wù cāng	비즈니스석
76	经济舱	jīng jì cāng	일반석
77	货舱	huò cāng	화물칸
78	准点	zhǔn diǎn	정시
79	晚点	wǎn diǎn	연착
80	航班取消	háng bān qǔ xiāo	항편결항
81	航班信息显示屏	háng bān xìn xī xiǎn shì píng	항공편 정보 모니터
82	转机柜台	zhuǎn jī guì tái	환승카운터
83	检疫站	jiǎn yì zhàn	검역소
84	通关手续	tōng guān shǒu xù	통관수속
85	海关	hǎi guān	세관
86	海关人员	hǎi guān rén yuán	세관직원
87	报关单	bào guān dān	세관신고서
88	携带物品申报单	xié dài wù pǐn shēn bào dān	휴대품신고서
89	货币兑换处	huò bì duì huàn chù	환전소
90	免税店	miǎn shuì diàn	면세점
91	自助寄存柜	zì zhù jì cún guì	물품 보관함
92	机场餐厅	jī chǎng cān tīng	공항 식당
93	便利店	biàn lì diàn	편의점
94	纪念品商店	jì niàn pǐn shāng diàn	기념품 판매점
95	咖啡厅	kā fēi tīng	커피숍
96	出租车站	chū zū chē zhàn	택시 승차장
97	机场大巴	jī chǎng dà bā	공항버스
98	漫游	màn yóu	로밍
99	接机	jiē jī	공항에 가서 영접하다
100	接机牌	jiē jī pái	환영 피켓

21 비행기

순서	중국어	중국어 병음	한국어
1	飞机	fēi jī	비행기
2	直升飞机	zhí shēng fēi jī	헬리콥터
3	战斗机	zhàn dòu jī	전투기
4	运输机	yùn shū jī	수송기
5	滑翔机	huá xiáng jī	활공기
6	客机	kè jī	여객기
7	大型客机	dà xíng kè jī	대형 여객기
8	小型客机	xiǎo xíng kè jī	소형 여객기
9	民用飞机	mín yòng fēi jī	민간기
10	军用飞机	jūn yòng fēi jī	군용기
11	机翼	jī yì	기익
12	机身	jī shēn	기체
13	尾翼	wěi yì	미익
14	起落架	qǐ luò jià	랜딩 기어
15	动力装置	dòng lì zhuāng zhì	동력장치
16	油箱	yóu xiāng	연료 탱크
17	发动机	fā dòng jī	엔진
18	驾驶杆	jià shǐ gǎn	조종대
19	机舱	jī cāng	기내
20	舱门	cāng mén	탑승구
21	过道	guò dào	통로
22	安全带	ān quán dài	안전벨트
23	氧气罩	yǎng qì zhào	산소마스크
24	小桌板	xiǎo zhuō bǎn	트레이
25	行李架	xíng lǐ jià	짐칸
26	电视	diàn shì	TV
27	救生衣	jiù shēng yī	구튜어드
28	安全手册	ān quán shǒu cè	안전 안내서
29	座位	zuò wèi	좌석
30	靠窗	kào chuāng	창가
31	紧急出口	jǐn jí chū kǒu	비상구

32	耳机	ěr jī	이어폰
33	餐具	cān jù	식기
34	餐盘	cān pán	식판
35	饮料	yǐn liào	음료수
36	杂志	zá zhì	잡지
37	报纸	bào zhǐ	신문
38	晕机	yūn jī	비행기멀미
39	药品	yào pǐn	약품
40	客舱	kè cāng	객실
41	货舱	huò cāng	화물창
42	方向舵	fāng xiàng duò	방향타
43	升降舵	shēng jiàng duò	승강타
44	调整片	tiáo zhěng piàn	트림탭
45	传感器	chuán gǎn qì	센서
46	轮子	lún zi	바퀴
47	混合器	hùn hé qì	혼합기
48	开关	kāi guān	스위치
49	软件	ruǎn jiàn	소프트웨어
50	系统	xì tǒng	시스템
51	减震支柱	jiǎn zhèn zhī zhù	감진 스트럿
52	减速板	jiǎn sù bǎn	에어 브레이크
53	程序	chéng xù	프로그램
54	失速警告	shī sù jǐng gào	실속경고장치
55	液压管	yè yā guǎn	유압 튜브
56	润滑剂	rùn huá jì	윤활제
57	连杆	lián gǎn	커넥팅 로드
58	指示器	zhǐ shì qì	인디케이터
59	黑匣子	hēi xiá zi	블랙박스
60	扶梯	fú tī	승강대
61	反推装置	fǎn tuī zhuāng zhì	항공기 역추력 장치
62	盘旋	pán xuán	선회하다
63	迫降	pò jiàng	불시착
64	滑行	huá xíng	활주하다
65	连续飞行	lián xù fēi xíng	무착륙 비행
66	上升速度	shàng shēng sù dù	상승 속도

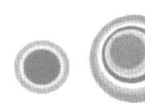 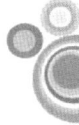

67	巡航速度	xún háng sù dù	순항속도
68	最高速度	zuì gāo sù dù	최고 속도
69	夜航	yè háng	야간 비행
70	飞行高度	fēi xíng gāo dù	비행 고도
71	直飞	zhí fēi	논스톱
72	颠簸	diān bǒ	흔들리다
73	起飞	qǐ fēi	이륙하다
74	着陆	zhuó lù	착륙하다
75	偏航	piān háng	항로 이탈
76	无人机	wú rén jī	무인비행기
77	阻流板	zǔ liú bǎn	스포일러
78	尾桨	wěi jiǎng	테일 로터
79	航行灯	háng xíng dēng	항공 등대
80	降落伞	jiàng luò sǎn	낙하산
81	导航仪	dǎo háng yí	네비게이터
82	叶片	yè piàn	날개
83	风挡玻璃	fēng dǎng bō lí	전면 유리창
84	高度表	gāo dù biǎo	고도계
85	航空地平仪	háng kōng dì píng yí	항공기 수평상황지시계
86	气象雷达	qì xiàng léi dá	기상 레이더
87	舱盖	cāng gài	승강구 뚜껑
88	气流	qì liú	기류
89	加速度	jiā sù dù	가속도
90	特技飞行	tè jì fēi xíng	곡예 비행
91	摩擦力	mó cā lì	마찰력
92	刚度	gāng dù	강성
93	操纵面	cāo zòng miàn	비행조종면
94	驾驶舱	jià shǐ cāng	조종석
95	对讲机	duì jiǎng jī	무전기
96	机长	jī zhǎng	기장
97	副机长	fù jī zhǎng	부기장
98	空姐	kōng jiě	스튜어디스
99	空少	kōng shào	스튜어드
100	乘客	chéng kè	승객

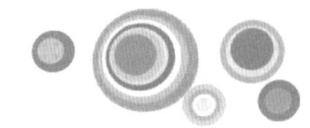

22 은행

순서	중국어	중국어 병음	한국어
1	银行	yín háng	은행
2	银行支行	yín háng zhī háng	은행 지점
3	银行家	yín háng jiā	은행가
4	行长	háng zhǎng	은행장
5	银行职员	yín háng zhí yuán	은행원
6	保安	bǎo ān	경비원
7	理财顾问	lǐ cái gù wèn	재무 설계사
8	银行业务	yín háng yè wù	은행업무
9	账户	zhàng hù	계좌
10	账号	zhàng hào	계좌번호
11	存折	cún zhé	통장
12	银行卡	yín háng kǎ	은행카드
13	信用卡	xìn yòng kǎ	신용카드
14	存款单	cún kuǎn dān	예금표
15	信用证	xìn yòng zhèng	신용증서
16	卡号	kǎ hào	카드번호
17	密码	mì mǎ	비밀번호
18	身份证	shēn fèn zhèng	주민등록증
19	外国人登陆证	wài guó rén dēng lù zhèng	외국인 등록증
20	余额	yú é	잔고
21	余额查询	yú é chá xún	잔액조회
22	储户	chǔ hù	예금자
23	手续费	shǒu xù fèi	수수료
24	年费	nián fèi	연차료
25	信用额度	xìn yòng é dù	크레디트 라인
26	透支	tòu zhī	카드 한도 초과
27	透支额度	tòu zhī é dù	신용 한도
28	货币	huò bì	화폐
29	外汇	wài huì	외화
30	外汇储备	wài huì chǔ bèi	외화 보유액

31	黄金储备	huáng jīn chǔ bèi	금 보유고
32	货币政策	huò bì zhèng cè	통화정책
33	货币单位	huò bì dān wèi	화폐단위
34	美元	měi yuán	달러
35	欧元	ōu yuán	유로
36	韩币	hán bì	한화
37	人民币	rén mín bì	인민폐
38	日元	rì yuán	엔
39	纸币	zhǐ bì	지폐
40	硬币	yìng bì	동전
41	十进制	shí jìn zhì	십진법
42	现金	xiàn jīn	현금
43	利率	lì lǜ	이율
44	年利率	nián lì lǜ	연이율
45	利息	lì xī	이자
46	复利	fù lì	복리
47	清单	qīng dān	내역서
48	窗口	chuāng kǒu	창구
49	保险柜	bǎo xiǎn guì	금고
50	等候票	děng hòu piào	대기자 번호표
51	接洽室	jiē qià shì	고객 상담실
52	柜台	guì tái	카운터
53	服务台	fú wù tái	안내대
54	存钱	cún qián	저축하다
55	取钱	qǔ qián	출금하다
56	缴纳	jiǎo nà	납부
57	转账	zhuǎn zhàng	이체
58	借贷	jiè dài	대출
59	抵押	dǐ yā	담보
60	银行结单	yín háng jié dān	은행잔고증명서
61	定期存款	dìng qī cún kuǎn	정기 예금
62	活期存款	huó qī cún kuǎn	당좌 예금
63	小额活期存款	xiǎo é huó qī cún kuǎn	소액 당좌 예금
64	储蓄存款	chǔ xù cún kuǎn	저축 예금
65	汇票	huì piào	환어음

66	支票	zhī piào	수표
67	基金	jī jīn	기금
68	自动提款机	zì dòng tí kuǎn jī	현금인출기, ATM 기
69	存折处理机	cún zhé chǔ lǐ jī	통장 정리기
70	点钞机	diǎn chāo jī	지폐 계수기
71	自动转账	zì dòng zhuǎn zhàng	자동이체
72	新钞	xīn chāo	새 지폐
73	旧钞	jiù chāo	헌 지폐
74	面值	miàn zhí	액면가
75	印章	yìn zhāng	도장
76	签名	qiān míng	사인
77	汇率	huì lǜ	환율
78	固定汇率	gù dìng huì lǜ	고정 환율
79	浮动汇率	fú dòng huì lǜ	변동 환율
80	押金	yā jīn	보증금
81	账本	zhàng běn	장부
82	保险	bǎo xiǎn	보험
83	个人所得税	gè rén suǒ dé shuì	개인소득세
84	分期付款	fēn qī fù kuǎn	할부
85	理财	lǐ cái	재테크
86	U 盾	U dùn	은행 OTP
87	手机银行	shǒu jī yín háng	폰 뱅킹
88	网上银行	wǎng shàng yín háng	인터넷뱅킹
89	韩国银行	hán guó yín háng	한국은행
90	国民银行	guó míng yín háng	국민은행
91	产业银行	chǎn yè yín háng	산업은행
92	友利银行	yǒu lì yín háng	우리은행
93	新韩银行	xīn hán yín háng	신한은행
94	花旗银行	huā qí yín háng	씨티은행
95	中国银行	zhōng guó yín háng	중국은행
96	建设银行	jiàn shè yín háng	건설은행
97	农业银行	nóng yè yín háng	농업은행
98	工商银行	gōng shāng yín háng	공상은행
99	交通银行	jiāo tōng yín háng	교통은행
100	招商银行	zhāo shāng yín háng	초상은행

 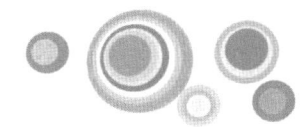

23 쇼핑몰

순서	중국어	중국어 병음	한국어
1	商场	shāng chǎng	쇼핑몰
2	商品	shāng pǐn	상품
3	奢侈品	shē chǐ pǐn	사치품
4	化妆品	huà zhuāng pǐn	화장품
5	电子产品	diàn zǐ chǎn pǐn	전자 제품
6	家用电器	jiā yòng diàn qì	가전
7	厨具	chú jù	조리기구
8	家纺	jiā fǎng	가정용 패브릭
9	床上用品	chuáng shàng yòng pǐn	침구
10	宠物用品	chǒng wù yòng pǐn	애완 용품
11	超市	chāo shì	슈퍼마켓
12	办公用品	bàn gōng yòng pǐn	사무 용품
13	钟表	zhōng biǎo	시계
14	专卖店	zhuān mài diàn	전문 매장
15	服装店	fú zhuāng diàn	옷가게
16	精品店	jīng pǐn diàn	편집샵
17	KTV	KTV	노래방
18	美食广场	měi shí guǎng chǎng	푸드코트
19	咖啡店	kā fēi diàn	커피숍
20	面包店	miàn bāo diàn	빵집
21	服务台	fú wù tái	프런트 데스크
22	卫生间	wèi shēng jiān	화장실
23	入口	rù kǒu	입구
24	紧急出口	jǐn jí chū kǒu	비상구
25	直梯	zhí tī	엘리베이터
26	扶梯	fú tī	에스컬레이터
27	试用装	shì yòng zhuāng	샘플
28	监控	jiān kòng	CCTV
29	箱包	xiāng bāo	가방
30	停车场	tíng chē chǎng	주차장
31	楼层	lóu céng	층

32	奶茶店	nǎi chá diàn	버블티 점
33	火锅店	huǒ guō diàn	훠궈집
34	百货店	bǎi huò diàn	백화점
35	试衣间	shì yī jiān	피팅룸
36	收银台	shōu yín tái	계산대
37	报销凭证	bào xiāo píng zhèng	결산 증빙
38	童装	tóng zhuāng	아동복
39	大堂	dà táng	로비
40	玩具	wán jù	장난감
41	文具	wén jù	문구
42	行李箱	xíng lǐ xiāng	트렁크
43	手表	shǒu biǎo	손목시계
44	珠宝	zhū bǎo	보석,세공품
45	护肤品	hù fū pǐn	피부 보호용 화장품
46	男装	nán zhuāng	남성복
47	女装	nǚ zhuāng	여성복
48	鞋子	xié zi	신발
49	母婴店	mǔ yīng diàn	신생아 용품점
50	童鞋	tóng xié	아이의 신발
51	新款	xīn kuǎn	신상
52	户外装	hù wài zhuāng	아웃도어
53	家居服	jiā jū fú	홈웨어
54	运动装	yùn dòng zhuāng	스포츠웨어
55	休闲装	xiū xián zhuāng	캐주얼웨어
56	运动鞋	yùn dòng xié	운동화
57	购物袋	gòu wù dài	쇼핑백
58	内衣店	nèi yī diàn	속옷 가게
59	人体模特	rén tǐ mó tè	마네킹
60	泳装	yǒng zhuāng	수영복
61	女式外套	nǚ shì wài tào	여성 코트
62	职业装	zhí yè zhuāng	오피스룩, 정장
63	睡衣	shuì yī	파자마, 잠옷
64	饰品	shì pǐn	액세서리
65	品牌	pǐn pái	브랜드
66	卡西欧	kǎ xī ōu	카시오

67	阿玛尼	ā mǎ ní	아르마니
68	卡地亚	kǎ dì yà	카르띠에
69	欧米茄	ōu mǐ jiā	오메가
70	餐具	cān jù	식기
71	小家电	xiǎo jiā diàn	소형가전
72	洗护用品	xǐ hù yòng pǐn	샤워 용품
73	生鲜食品	shēng xiān shí pǐn	신선식품
74	烟酒	yān jiǔ	술과 담배
75	会员卡	huì yuán kǎ	멤버십 카드
76	刷卡支付	shuā kǎ zhī fù	카드 결제
77	积分	jī fēn	포인트
78	现金支付	xiàn jīn zhī fù	현금 결제
79	包装	bāo zhuāng	포장
80	标签	biāo qiān	태그
81	价格标签	jià gé biāo qiān	가격표
82	专柜	zhuān guì	코너
83	陈列柜	chén liè guì	진열대
84	烤肉店	kǎo ròu diàn	고깃집
85	母婴室	mǔ yīng shì	수유실
86	休息区	xiū xi qū	쉼터
87	儿童区	ér tóng qū	어린이 구역
88	逃生通道	táo shēng tōng dào	탈출로
89	指示牌	zhǐ shì pái	안내판
90	进口商品	jìn kǒu shāng pǐn	수입 상품
91	样品	yàng pǐn	견본, 샘플
92	手机支付	shǒu jī zhī fù	핸드폰 결제
93	家具店	jiā jù diàn	가구점
94	免税店	miǎn shuì diàn	면세점
95	药店	yào diàn	약국
96	顾客	gù kè	고객
97	收据	shōu jù	영수증
98	五金店	wǔ jīn diàn	철물점
99	促销	cù xiāo	판촉
100	观光梯	guān guāng tī	관광용 엘리베이터

24 서점

순서	중국어	중국어 병음	한국어
1	书店	shū diàn	서점
2	纸质书	zhǐ zhì shū	종이책
3	畅销书	chàng xiāo shū	베스트셀러
4	新书区	xīn shū qū	신상품
5	精装书	jīng zhuāng shū	하드커버
6	平装本	píng zhuāng běn	보통 장정본
7	学术论文	xué shù lùn wén	학술 논문
8	网络小说	wǎng luò xiǎo shuō	웹소설
9	编辑推荐	biān jí tuī jiàn	편집 추천
10	进口图书	jìn kǒu tú shū	수입 독서
11	初版	chū bǎn	제 1 판, 초판
12	连载	lián zài	연재
13	出版社	chū bǎn shè	출판사
14	书架	shū jià	책장
15	有声书	yǒu shēng shū	오디오북
16	二手市场	èr shǒu shì chǎng	중고장터
17	童书	tóng shū	아동 도서
18	样书	yàng shū	샘플책
19	字典	zì diǎn	자전
20	烹饪书	pēng rèn shū	요리책
21	百科全书	bǎi kē quán shū	백과전서
22	漫画书	màn huà shū	만화책
23	传记	zhuàn jì	전기
24	杂志	zá zhì	잡지
25	作者	zuò zhě	작자
26	读者	dú zhě	독자
27	签售活动	qiān shòu huó dòng	서명 판매 활동
28	图书馆	tú shū guǎn	도서관
29	档案	dǎng àn	파일
30	阅览室	yuè lǎn shì	열람실

 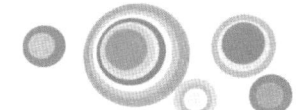

31	图书编号	tú shū biān hào	도서 번호
32	借书台	jiè shū tái	대출대
33	还书台	huán shū tái	반납대
34	借书证	jiè shū zhèng	도서 대출증
35	借阅期限	jiè yuè qī xiàn	대출 기일
36	超期	chāo qī	기한을 넘기다
37	续借	xù jiè	계속 빌리다
38	报纸	bào zhǐ	신문
39	手抄本	shǒu chāo běn	사본
40	索引	suǒ yǐn	색인
41	目录	mù lù	디렉토리
42	绘本	huì běn	그림책
43	小说	xiǎo shuō	소설
44	名著	míng zhù	명작
45	古籍	gǔ jí	고서
46	作品集	zuò pǐn jí	작품집
47	工具书	gōng jù shū	공구서
48	词典	cí diǎn	사전
49	地图	dì tú	지도
50	音像	yīn xiàng	음반
51	电子书	diàn zǐ shū	전자책
52	教材	jiào cái	교재
53	教辅书	jiào fǔ shū	교육 보조서
54	作家	zuò jiā	작가
55	套装	tào zhuāng	세트
56	册	cè	권
57	经典	jīng diǎn	경전
58	营养书	yíng yǎng shū	영양책
59	育儿书	yù ér shū	육아책
60	文学	wén xué	문학
61	正版	zhèng bǎn	정품
62	盗版	dào bǎn	짝퉁
63	版权	bǎn quán	저작권
64	人文社科	rén wén shè kē	인문 사회 과학
65	期刊	qī kān	정기 간행물

梦想中国语 词汇

66	连环漫画	lián huán màn huà	코믹스
67	文献	wén xiàn	문헌
68	优惠活动	yōu huì huó dòng	이벤트
69	修订版	xiū dìng bǎn	수정판
70	全译本	quán yì běn	완역본
71	升级版	shēng jí bǎn	업그레이드 버전
72	诗歌	shī gē	시가
73	散文	sǎn wén	산문
74	单行本	dān xíng běn	단행본
75	纪念版	jì niàn bǎn	기념판
76	装帧	zhuāng zhēn	장정
77	开本	kāi běn	포맷
78	版次	bǎn cì	출판 횟수
79	印次	yìn cì	인쇄 횟수
80	增订本	zēng dìng běn	증정본
81	精编版	jīng biān bǎn	에디션 버전
82	双语版	shuāng yǔ bǎn	이중 언어 버전
83	插图本	chā tú běn	삽화본
84	代表作	dài biǎo zuò	대표작
85	周刊	zhōu kān	주간
86	月刊	yuè kān	월간
87	丛书	cóng shū	시리즈
88	科普	kē pǔ	과학 보급
89	书评	shū píng	서평
90	贴纸书	tiē zhǐ shū	스티커책
91	图书分类	tú shū fēn lèi	도서 분류
92	哲学	zhé xué	철학
93	成功学	chéng gōng xué	성공학
94	管理	guǎn lǐ	경영 관리
95	科幻小说	kē huàn xiǎo shuō	판타지 소설
96	合订本	hé dìng běn	합본
97	日报	rì bào	일보
98	周报	zhōu bào	주보
99	外刊	wài kān	외국 간행물
100	借书卡	jiè shū kǎ	도서 대출 카드

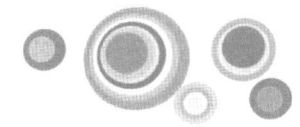

25 미용실

순서	중국어	중국어 병음	한국어
1	理发店	lǐ fà diàn	미용실
2	理发师	lǐ fà shī	이발사
3	美容师	měi róng shī	미용사
4	预约	yù yuē	예약
5	会员	huì yuán	회원
6	会员卡	huì yuán kǎ	멤버십 카드
7	休息室	xiū xī shì	휴게실
8	沙发	shā fā	소파
9	洗头	xǐ tóu	샴푸
10	吹	chuī	드라이
11	卷	juǎn	웨이브
12	烫发	tàng fà	파마
13	染发	rǎn fà	염색
14	剪发	jiǎn fà	커트
15	护理	hù lǐ	헤어케어
16	浴帽	yù mào	샤워 캡
17	发型	fà xíng	헤어스타일
18	颜色	yán sè	색
19	金发	jīn fà	금발
20	碎发	suì fà	커트머리
21	漂色	piǎo sè	탈색
22	挑染	tiǎo rǎn	브릿지
23	拉直	lā zhí	스트레이트 파마
24	梨花烫	lí huā tàng	볼륨 매직
25	数码烫	shù mǎ tàng	디지털 파마
26	大波浪	dà bō làng	굵은 웨이브 파마
27	色板	sè bǎn	칼라차트
28	镜子	jìng zi	거울
29	梳子	shū zi	빗
30	定型啫喱	dìng xíng zhě lí	젤
31	定型喷雾	dìng xíng pēn wù	스프레이

32	摩丝	mó sī	무스
33	发蜡	fà là	포마드
34	发胶	fà jiāo	헤어 젤
35	工作服	gōng zuò fú	가운
36	吹风机	chuī fēng jī	드라이기
37	美容杂志	měi róng zá zhì	뷰티 잡지
38	电热帽	diàn rè mào	파마 모자
39	蒸汽机	zhēng qì jī	스팀기
40	电动剃须刀	diàn dòng tì xū dāo	전기면도기
41	染发剂	rǎn fà jì	염색약
42	样品	yàng pǐn	샘플
43	卷发筒	juǎn fà tǒng	롤
44	洗发水	xǐ fà shuǐ	샴푸
45	护发素	hù fà sù	린스
46	发膜	fà mó	헤어팩
47	护发精油	hù fà jīng yóu	헤어 오일
48	刘海贴	liú hǎi tiē	페이스필름
49	喷水壶	pēn shuǐ hú	워터리스
50	电推剪	diàn tuī jiǎn	바리깡
51	毛巾	máo jīn	타월
52	染发锡纸	rǎn fà xī zhǐ	은박지 호일
53	小钳子	xiǎo qián zi	핀셋
54	搅拌器	jiǎo bàn qì	교반기
55	鞋套	xié tào	덧신
56	刮脸	guā liǎn	면도
57	头发	tóu fà	머리
58	发质	fà zhì	머리결
59	头皮屑	tóu pí xiè	비듬
60	侧面头发	cè miàn tóu fà	옆머리
61	后面头发	hòu miàn tóu fà	뒷머리
62	鬓角	bìn jiǎo	귀밑머리
63	刘海	liú hǎi	앞머리
64	长发	cháng fà	긴 머리
65	短发	duǎn fà	단발머리
66	直发	zhí fà	생머리

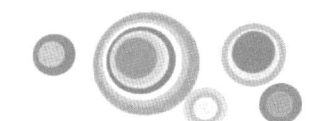

67	卷发	juǎn fà	파마머리
68	自然卷	zì rán juǎn	곱슬머리
69	光头	guāng tóu	대머리
70	半剃头	bàn tì tóu	스포츠머리
71	离子烫	lí zǐ tàng	매직
72	马尾	mǎwěi	말총머리
73	麻花辫	má huā biàn	땋은 머리
74	丸子头	wán zi tóu	똥머리
75	平头	píng tóu	깍두기 머리
76	大背头	dà bēi tóu	올백 머리
77	运动头	yùn dòng tóu	스포츠형 머리
78	蘑菇头	mó gū tóu	버섯머리
79	刺猬头	cì wèi tóu	고슴도치 머리
80	假发	jiǎ fà	가발
81	一次性手套	yí cì xìng shǒu tào	일회용 장갑
82	发卡	fà qiǎ	머리핀
83	染发梳	rǎn fà shū	염색빗
84	染发碗	rǎn fà wǎn	염색용 그릇
85	氧化剂	yǎng huà jì	산화제
86	生发剂	shēng fà jì	발모제
87	卷发棒	juǎn fà bàng	봉고데기
88	拉直板	lā zhí bǎn	고데기
89	置物柜	zhì wù guì	선반장
90	推车	tuī chē	핸드카트
91	剪子	jiǎn zi	가위
92	海绵	hǎi mián	스펀지
93	热水器	rè shuǐ qì	온수기
94	插排	chā pái	멀티탭
95	烫发机	tàng fà jī	고데기
96	加热器	jiā rè qì	가열기
97	洗头椅	xǐ tóu yǐ	샴푸대
98	毛巾消毒柜	máo jīn xiāo dú guì	수건 살균기
99	耳套	ěr tào	귀 싸개
100	皮筋	pí jīn	고무줄

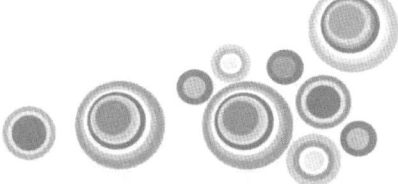

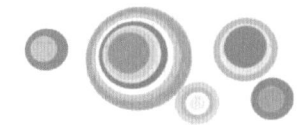

26 사무실

순서	중국어	중국어 병음	한국어
1	办公室	bàn gōng shì	사무실
2	会议室	huì yì shì	회의실
3	办公桌	bàn gōng zhuō	사무용 책상
4	转椅	zhuàn yǐ	회전의자
5	文件柜	wén jiàn guì	서류함
6	税务登记证件	shuì wù dēng jì zhèng jiàn	사업자등록증
7	书架	shū jià	책꽂이
8	抽屉	chōu tì	서랍
9	收纳盒	shōu nà hé	수납함
10	电脑	diàn nǎo	컴퓨터
11	显示器	xiǎn shì qì	모니터
12	主机	zhǔ jī	컴퓨터 본체
13	笔记本电脑	bǐ jì běn diàn nǎo	노트북
14	键盘	jiàn pán	키보드
15	鼠标	shǔ biāo	마우스
16	鼠标垫	shǔ biāo diàn	마우스패드
17	文件夹	wén jiàn jiā	폴더, 파일철
18	文件袋	wén jiàn dài	서류 봉투
19	传真机	chuán zhēn jī	팩스기
20	电话	diàn huà	전화기
21	复印机	fù yìn jī	복사기
22	打印机	dǎ yìn jī	프린터기
23	扫描仪	sǎo miáo yí	스캐너
24	空调	kōng tiáo	에어컨
25	投影仪	tóu yǐng yí	빔 프로젝터
26	吸尘器	xī chén qì	청소기
27	打孔机	dǎ kǒng jī	타공기
28	点钞机	diǎn chāo jī	지폐계수기
29	订书机	dìng shū jī	스테이플러
30	订书钉	dìng shū dīng	스테이플러 심
31	碎纸机	suì zhǐ jī	문서세단기

 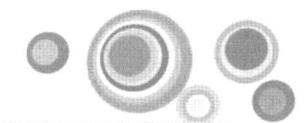

32	A4 纸	A4 zhǐ	A4 용지
33	计算器	jì suàn qì	계산기
34	图钉	tú dīng	압정
35	白板	bái bǎn	화이트보드
36	白板笔	bái bǎn bǐ	보드마카
37	板夹	bǎn jiā	클립보드
38	本子	běn zi	노트
39	笔袋	bǐ dài	필통
40	笔芯	bǐ xīn	연필심
41	书签	shū qiān	책갈피
42	便签	biàn qiān	포스트잇
43	便利贴	biàn lì tiē	메모지
44	直尺	zhí chǐ	직자
45	档案袋	dǎng àn dài	파일봉투
46	固体胶	gù tǐ jiāo	딱풀
47	曲别针/回形针	qǔ bié zhēn / huí xíng zhēn	클립
48	记号笔	jì hào bǐ	마킹펜
49	夹子	jiá zi	집게
50	剪刀	jiǎn dāo	가위
51	胶带	jiāo dài	테이프
52	宽胶带	kuān jiāo dài	박스테이프
53	卷尺	juǎn chǐ	줄자
54	账本	zhàng běn	장부
55	美工刀	měi gōng dāo	커터칼
56	墨水	mò shuǐ	잉크
57	铅笔	qiān bǐ	연필
58	自动铅笔	zì dòng qiān bǐ	샤프
59	自动铅笔芯	zì dòng qiān bǐ xīn	샤프심
60	签字笔	qiān zì bǐ	사인펜
61	双面胶	shuāng miàn jiāo	양면테이프
62	钢笔	gāng bǐ	만년필
63	中性笔	zhōng xìng bǐ	중성펜
64	圆珠笔	yuán zhū bǐ	볼펜
65	荧光笔	yíng guāng bǐ	형광펜
66	水彩笔	shuǐ cǎi bǐ	컬러펜

梦想中国语 词汇

67	通讯录	tōng xùn lù	전화번호부
68	名片册	míng piàn cè	명함첩
69	台历	tái lì	달력
70	橡皮	xiàng pí	지우개
71	修正带	xiū zhèng dài	수정테이프
72	修正液	xiū zhèng yè	수정액
73	卷笔刀	juǎn bǐ dāo	연필깎이
74	液体胶	yè tǐ jiāo	물풀
75	圆规	yuán guī	컴퍼스
76	笔筒	bǐ tǒng	필통
77	信封	xìn fēng	편지 봉투
78	信纸	xìn zhǐ	편지지
79	U 盘	U pán	usB 메모리
80	读卡器	dú kǎ qì	카드리더기
81	抽纸	chōu zhǐ	티슈
82	插排	chā pái	멀티탭
83	路由器	lù yóu qì	공유기
84	印章	yìn zhāng	도장
85	印泥	yìn ní	인주
86	水杯	shuǐ bēi	물컵
87	一次性纸杯	yí cì xìng zhǐ bēi	일회용 종이컵
88	饮水机	yǐn shuǐ jī	정수기
89	咖啡机	kā fēi jī	커피메이커
90	垃圾桶	lā jī tǒng	쓰레기통
91	靠背	kào bèi	등받이
92	垫子	diàn zi	방석
93	隔板	gé bǎn	파티션
94	黑板	hēi bǎn	칠판
95	发票	fā piào	영수증
96	插座	chā zuò	콘센트
97	裁纸刀	cái zhǐ dāo	종이 재단기
98	钟表	zhōng biǎo	시계
99	保险柜	bǎo xiǎn guì	금고
100	盆栽	pén zāi	분재

 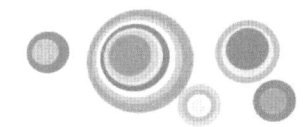

27 인터넷

순서	중국어	중국어 병음	한국어
1	网络	wǎng luò	인터넷
2	上网	shàng wǎng	인터넷을 하다
3	直播	zhí bō	인터넷 생중계 방송
4	网红	wǎng hóng	인터넷 스타
5	网速	wǎng sù	인터넷 속도
6	图标	tú biāo	아이콘
7	博主	bó zhǔ	블로거
8	群聊	qún liáo	단톡방
9	群主	qún zhǔ	단톡방 개설자/관리자
10	刷新	shuā xīn	새로 고침
11	更新	gēng xīn	업데이트
12	流量	liú liàng	휴대폰 데이터
13	邮箱	yóu xiāng	메일 박스
14	搜索	sōu suǒ	검색하다
15	热搜	rè sōu	실시간 검색어
16	复制	fù zhì	복사하기
17	粘贴	zhān tiē	붙이기
18	剪切	jiǎn qiè	잘라내기
19	点赞	diǎn zàn	좋아요
20	评论	píng lùn	댓글
21	转发	zhuǎn fā	공유하기
22	私信	sī xìn	1:1 채팅
23	微信	wēi xìn	위챗
24	缓存	huǎn cún	캐시
25	视频	shì pín	동영상
26	网民	wǎng mín	네티즌
27	网友	wǎng yǒu	인터넷 동호인
28	网吧	wǎng bā	PC 방
29	蓝牙	lán yá	블루투스
30	通话	tōng huà	통화

31	振动	zhèn dòng	진동
32	静音	jìng yīn	무음 모드
33	铃声	líng shēng	벨 소리
34	信号	xìn hào	신호
35	文件	wén jiàn	파일
36	锁屏	suǒ píng	잠금 화면
37	弹窗	tán chuāng	팝업 창
38	截图	jié tú	스크린샷
39	保存	bǎo cún	저장
40	软件	ruǎn jiàn	소프트웨어
41	升级	shēng jí	업그레이드
42	卸载	xiè zài	삭제하다
43	内存	nèi cún	메모리
44	头条	tóu tiáo	톱뉴스
45	下载	xià zài	다운로드
46	语音	yǔ yīn	음성
47	日历	rì lì	캘린더
48	字体	zì tǐ	글자체
49	分享	fēn xiǎng	나누기
50	备份	bèi fèn	백업
51	论坛	lùn tán	포럼
52	团购	tuán gòu	공동 구매
53	网盘	wǎng pán	클라우드
54	热点	rè diǎn	핫스팟
55	录音	lù yīn	녹음
56	链接	liàn jiē	링크
57	预览	yù lǎn	미리보기
58	转账	zhuǎn zhàng	이체
59	抖音	dǒu yīn	틱톡
60	地图	dì tú	지도
61	外卖	wài mài	음식 배달
62	平台	píng tái	플랫폼
63	删除	shān chú	삭제하다
64	支付	zhī fù	페이
65	黑客	hēi kè	해커

梦想中国语 词汇

66	另存为	lìng cún wéi	다른 이름으로 저장
67	格式刷	gé shì shuā	서식복사
68	云空间	yún kōng jiān	아이클라우드
69	浏览器	liú lǎn qì	브라우저
70	区块链	qū kuài liàn	블록체인
71	扫一扫	sǎo yì sǎo	스캔하다
72	二维码	èr wéi mǎ	QR 코드
73	通讯录	tōng xùn lù	주소록
74	朋友圈	péng yǒu quān	모멘트
75	小程序	xiǎo chéng xù	미니앱
76	表情包	biǎo qíng bāo	이모티콘
77	压缩包	yā suō bāo	압축 파일
78	自媒体	zì méi tǐ	1인 미디어
79	大数据	dà shù jù	빅데이터
80	输入法	shū rù fǎ	입력법
81	点击率	diǎn jī lǜ	조회수
82	智能手机	zhì néng shǒu jī	스마트폰
83	Wi fi 密码	wifi mì mǎ	와이파이 비밀번호
84	实时公交	shí shí gōng jiāo	실시간 버스
85	美颜相机	měi yán xiàng jī	뷰티캠
86	飞行模式	fēi xíng mó shì	비행 모드
87	屏幕录制	píng mù lù zhì	스크린 녹화
88	共享单车	gòng xiǎng dān chē	공용 자전거
89	移动支付	yí dòng zhī fù	모바일 결제
90	手机软件	shǒu jī ruǎn jiàn	어플/앱
91	电子商务	diàn zǐ shāng wù	전자 상거래
92	支付密码	zhī fù mì mǎ	결제 비밀번호
93	手机充值	shǒu jī chōng zhí	휴대폰 비용 충전
94	指纹识别	zhǐ wén shí bié	지문 인식
95	人脸识别	rén liǎn shí bié	안면 인식
96	语音助手	yǔ yīn zhù shǒu	AI 스피커
97	应用市场	yìng yòng shì chǎng	모바일 앱 마켓
98	消息提醒	xiāo xi tí xǐng	메시지 알림
99	电子邮件	diàn zǐ yóu jiàn	이메일
100	位置信息	wèi zhì xìn xī	위치 정보

 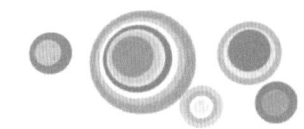

28 온라인 쇼핑

순서	중국어	중국어 병음	한국어
1	登录	dēng lù	로그인
2	注册	zhù cè	회원 가입
3	用户名	yòng hù míng	회원 아이디
4	密码	mì mǎ	비밀번호
5	卖家	mài jiā	판매자
6	买家	mǎi jiā	구매자
7	购物车	gòu wù chē	장바구니
8	团购	tuán gòu	공동 구매
9	宝贝	bǎo bèi	상품을 가리키는 애칭
10	客服	kè fú	고객 서비스
11	直播	zhí bō	생방송
12	单品	dān pǐn	아이템
13	支付	zhī fù	지불하다
14	退货	tuì huò	반품
15	换货	huàn huò	교환
16	售后服务	shòu hòu fú wù	애프터 서비스
17	收藏夹	shōu cáng jiā	즐겨찾기
18	店铺	diàn pù	가게
19	皇冠店铺	huáng guàn diàn pù	우수 상점
20	折扣	zhé kòu	할인
21	评论	píng lùn	리뷰
22	待付款	dài fù kuǎn	결제 대기
23	优惠券	yōu huì quàn	쿠폰
24	积分	jī fēn	포인트
25	订单	dìng dān	주문서
26	快递	kuài dì	택배
27	配送	pèi sòng	배송
28	包邮	bāo yóu	무료 배송
29	收货地址	shōu huò dì zhǐ	배송지
30	数量	shù liàng	수량

31	运费	yùn fèi	운임
32	品牌	pǐn pái	브랜드
33	价保	jià bǎo	가격보장
34	描述	miáo shù	설명
35	保修单	bǎo xiū dān	품질 보증서
36	分期付款	fēn qī fù kuǎn	할부
37	签收	qiān shōu	택배 받을 시 서명하기
38	包裹	bāo guǒ	소포,택배
39	库存	kù cún	재고
40	库存	kù cún	재고
41	预售	yù shòu	예약 판매
42	产品	chǎn pǐn	제품,상품
43	实付	shí fù	실제로 지불한 가격
44	投诉	tóu sù	컴플레인
45	物流	wù liú	물류
46	浏览记录	liú lǎn jì lù	검색 기록
47	心愿单	xīn yuàn dān	위시리스트
48	设置	shè zhì	설정
49	账号	zhàng hào	계정
50	认证	rèn zhèng	인증
51	拍卖	pāi mài	경매
52	推荐	tuī jiàn	추천
53	热门	rè mén	인기
54	特价	tè jià	특가
55	好评	hǎo píng	좋은 구매평
56	网名	wǎng míng	닉네임
57	差评	chà píng	나쁜 구매평
58	权限	quán xiàn	권한
59	正品	zhèng pǐn	정품
60	足迹	zú jì	최근 본 상품
61	新款	xīn kuǎn	신상
62	秒杀	miǎo shā	초특가 세일
63	进口	jìn kǒu	수입
64	代购	dài gòu	대리 구매
65	直邮	zhí yóu	직배송

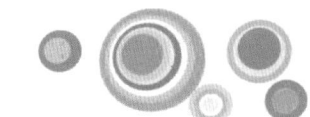

66	订单号	dìng dān hào	주문번호
67	关税	guān shuì	관세
68	促销	cù xiāo	세일
69	个人隐私	gè rén yǐn sī	개인 프라이버시.
70	实名	shí míng	실명
71	赠品	zèng pǐn	경품
72	抢购	qiǎng gòu	낚아 채기
73	退款	tuì kuǎn	환불
74	意见反馈	yì jiàn fǎn kuì	피드백
75	爆款	bào kuǎn	히트 상품
76	立减	lì jiǎn	즉시 할인
77	改价	gǎi jià	가격 수정
78	官网	guān wǎng	공식 사이트
79	降价提醒	jiàng jià tí xǐng	가격 하락시 알림
80	买家秀	mǎi jiā xiù	구매자 리뷰
81	卖家秀	mài jiā xiù	판매자가 상품 정보로 제공한 사진
82	清仓	qīng cāng	재고 정리
83	二手	èr shǒu	중고
84	送货上门	sòng huò shàng mén	집 앞까지 제품을 배달해 줌
85	性价比	xìng jià bǐ	가성비
86	运费险	yùn fèi xiǎn	배송 보험
87	已下单	yǐ xià dān	주문 완료
88	电子发票	diàn zǐ fā piào	전자 영수증
89	信用购	xìn yòng gòu	신용구매
90	返利	fǎn lì	캐시백
91	拒收	jù shōu	택배 수령 거부
92	无接触配送	wú jiē chù pèi sòng	언택트 배송
93	取件	qǔ jiàn	택배를 본인이 직접 픽업
94	无人柜机	wú rén guì jī	무인 택배 보관함
95	快递单号	kuài dì dān hào	운송장 번호
96	缺货	quē huò	품절
97	海淘	hǎi táo	해외 구매
98	假一赔三	jiǎ yī péi sān	하나가 가짜면 세 개로 배상해 줌
99	七天退换	qī tiān tuì huàn	7일 교환이나 환불
100	下架	xià jià	상품 내림

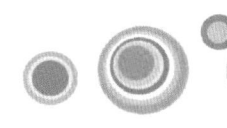
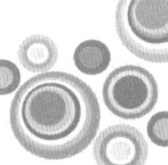

29 배달

순서	중국어	중국어 병음	한국어
1	外卖	wài mài	배달
2	外卖 APP	wài mài APP	배달 앱
3	商家	shāng jiā	가게
4	登录	dēng lù	로그인하기
5	注册	zhù cè	등록하기
6	菜单	cài dān	메뉴
7	套餐	tào cān	세트
8	一人份	yī rén fèn	1인분
9	韩食	hán shí	한식
10	小吃	xiǎo chī	분식
11	咖啡	kā fēi	카페
12	甜点	tián diǎn	디저트
13	猪排饭	zhū pái fàn	돈까스
14	日料	rì liào	일식
15	炸鸡	zhá jī	치킨
16	脆皮炸鸡	cuì pí zhá jī	후라이드
17	一半一半	yí bàn yí bàn	반반
18	整只	zhěng zhǐ	한마리
19	披萨	pī sà	피자
20	意大利面	yì dà lì miàn	파스타
21	烧烤	shāo kǎo	바비큐
22	西餐	xī cān	양식
23	中餐馆	zhōng cān guǎn	중국집
24	猪蹄	zhū tí	족발
25	包肉	bāo ròu	보쌈
26	原味	yuán wèi	오리지날
27	酱料	jiàng liào	양념
28	蒜酱	suàn jiàng	갈릭소스
29	辣酱	là jiàng	핫소스
30	芝士	zhī shì	치즈

梦想中国语 词汇

31	番茄酱	fān qié jiàng	케첩
32	沙拉酱	shā lā jiàng	마요네즈
33	汽水	qì shuǐ	사이다
34	可乐	kě lè	콜라
35	夜宵	yè xiāo	야식
36	便当	biàn dang	도시락
37	快餐	kuài cān	패스트푸드
38	购物车	gòu wù chē	장바구니
39	地址	dì zhǐ	주소
40	地址簿	dì zhǐ bù	주소 목록, 주소록
41	变更地址	biàn gēng dì zhǐ	주소 변경
42	起送价	qǐ sòng jià	최소 주문금액
43	结算方式	jié suàn fāng shì	결제수단
44	线上支付	xiàn shàng zhī fù	온라인 결제
45	到付	dào fù	현장 결제
46	现场银行卡结算	xiàn chǎng yín háng kǎ jié suàn	현장 카드결제
47	现场现金结算	xiàn chǎng xiàn jīn jié suàn	현장 현금결제
48	使用虚拟号码	shǐ yòng xūnǐ hào mǎ	안심번호 사용
49	配送时间	pèi sòng shí jiān	배달시간
50	派送费	pài sòng fèi	배달팁, 배달 요금
51	免费配送	miǎn fèi pèi sòng	무료배달, 무료배송
52	打折	dǎ zhé	할인
53	优惠券	yōu huì quàn	쿠폰, 할인권
54	首单立减	shǒu dān lì jiǎn	첫 주문 금액할인
55	特价	tè jià	특가
56	普通大小	pǔ tōng dà xiǎo	레귤러 사이즈
57	大尺寸	dà chǐ cùn	라지 사이즈
58	家庭装	jiā tíng zhuāng	패밀리팩
59	加入订单	jiā rù dìng dān	주문표에 추가
60	立即购买	lì jí gòu mǎi	즉시 주문
61	电话订餐	diàn huà dìng cān	전화 주문
62	网页订餐	wǎng yè dìng cān	사이트 주문
63	订餐人信息	dìng cān rén xìn xī	주문자 정보
64	打包盒	dǎ bāo hé	포장박스
65	打包袋	dǎ bāo dài	포장봉지

66	打包费	dǎ bāo fèi	포장요금
67	骑手	qí shǒu	택배 기사
68	箱子	xiāng zi	배달 상자
69	摩托车	mó tuō chē	오토바이
70	超时	chāo shí	시간 초과
71	月销	yuè xiāo	월 판매량
72	客服	kè fú	고객서비스
73	网上评价	wǎng shàng píng jià	구매후기, 리뷰
74	好评	hǎo píng	호평, 좋은 댓글
75	差评	chà píng	혹평, 악성 댓글
76	评分	píng fēn	평점
77	投诉	tóu sù	신고, 민원, 컴플레인
78	索赔	suǒ péi	클레임
79	退款	tuì kuǎn	환불
80	售后	shòu hòu	애프터 서비스
81	一次性餐具	yí cì xìng cān jù	일회용 식기
82	一次性筷子	yí cì xìng kuài zi	일회용 젓가락
83	一次性勺子	yí cì xìng sháo zi	일회용 숟가락
84	一次性叉子	yí cì xìng chā zi	일회용 포크
85	吸管	xī guǎn	빨대
86	牙签	yá qiān	이쑤시개
87	湿纸巾	shī zhǐ jīn	물티슈
88	一次性手套	yí cì xìng shǒu tào	일회용 장갑
89	餐巾纸	cān jīn zhǐ	종이 냅킨
90	发票	fā piào	영수증
91	电子发票	diàn zǐ fā piào	전자 영수증
92	派送	pài sòng	배송
93	签收	qiān shōu	수령 완료
94	收藏	shōu cáng	찜
95	收藏店铺	shōu cáng diàn pù	찜한 가게
96	分享	fēn xiǎng	공유
97	备注	bèi zhù	비고
98	回复	huí fù	댓글
99	连锁店	lián suǒ diàn	프랜차이즈
100	活动	huó dòng	이벤트

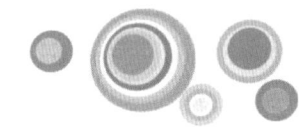

30 위챗

순서	중국어	중국어 병음	한국어
1	微信	wēi xìn	위챗
2	微信号	wēi xìn hào	위챗 ID
3	昵称	nì chēng	닉네임
4	地区	dì qū	지역
5	拍一拍	pāi yì pāi	톡톡 두드려 주기
6	更新	gēng xīn	업데이트
7	退出	tuì chū	로그아웃
8	二维码	èr wéi mǎ	QR 코드
9	名片	míng piàn	명함
10	钱包	qián bāo	지갑
11	余额	yú é	잔액
12	微信支付	wēi xìn zhī fù	위챗 페이
13	二维码收款	èr wéi mǎ shōu kuǎn	QR 코드 수금
14	赞赏码	zàn shǎng mǎ	보상 코드
15	群收款	qún shōu kuǎn	더치 페이
16	账单	zhàng dān	명세서
17	卡包	kǎ bāo	카드 지갑
18	聊天	liáo tiān	채팅하다
19	新的朋友	xīn de péng yǒu	새 친구
20	已添加	yǐ tiān jiā	추가됨
21	群聊	qún liáo	그룹 채팅하다
22	订阅	dìng yuè	구독하다
23	文件传输	wén jiàn chuán shū	파일 전송하다
24	通讯录	tōng xùn lù	주소록
25	标签	biāo qiān	태그
26	搜索	sōu suǒ	검색하다
27	取消	qǔ xiāo	취소하다
28	删除	shān chú	삭제하다
29	保存	bǎo cún	저장하다
30	公众号	gōng zhòng hào	공식 계정

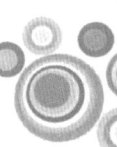

 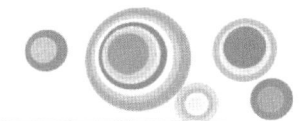

31	小程序	xiǎo chéng xù	미니 프로그램
32	文章	wén zhāng	글
33	音乐	yīn yuè	음악
34	游戏	yóu xì	게임
35	服务	fú wù	서비스
36	提醒	tí xǐng	알림
37	朋友圈	péng yǒu quān	모멘트
38	转发	zhuǎn fā	공유하기
39	收藏夹	shōu cáng jiā	즐겨찾기
40	视频通话	shì pín tōng huà	영상 통화
41	音视频通话	yīn shì pín tōng huà	음성 및 영상 통화
42	发信息	fā xìn xī	메시지 보내기
43	标为已读	biāo wéi yǐ dú	읽음으로 표시
44	标为未读	biāo wéi wèi dú	읽지 않은 것으로 표시
45	置顶	zhì dǐng	맨 위에 고정
46	取消置顶	qǔ xiāo zhì dǐng	맨 위에 고정 취소
47	不显示聊天	bù xiǎn shì liáo tiān	채팅 숨기기
48	删除聊天	shān chú liáo tiān	채팅 삭제
49	查找聊天记录	chá zhǎo liáo tiān jì lù	채팅 기록 검색
50	清空聊天记录	qīng kōng liáo tiān jì lù	채팅 기록 지우기
51	关注	guān zhù	팔로우하다
52	不再关注	bù zài guān zhù	언팔로우하다
53	复制	fù zhì	복사하다
54	粘贴	zhān tiē	붙여넣기 하다
55	多选	duō xuǎn	선택하다
56	引用	yǐn yòng	인용하다
57	视频号	shì pín hào	동영상 채널
58	头像	tóu xiàng	프로필 사진
59	发起群聊	fā qǐ qún liáo	그룹 채팅 시작하다
60	添加朋友	tiān jiā péng yǒu	대화 상대 추가, 친구 추가
61	扫一扫	sǎo yī sǎo	스캔하다
62	摇一摇	yáo yī yáo	흔들다
63	看一看	kàn yī kàn	이전 스토리 보다
64	附近的人	fù jìn de rén	주변 사람
65	直播	zhí bō	실시간 스트리밍, 생방송

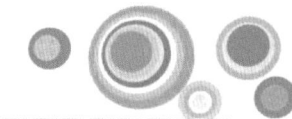

66	[点]赞	[diǎn] zàn	좋아요 (누르기)
67	评论	píng lùn	댓글
68	更多	gèng duō	더 보기
69	表情包	biǎo qíng bāo	이모티콘/스티커
70	设置	shè zhì	설정하다
71	通知	tōng zhī	알림
72	勿扰模式	wù rǎo mó shì	방해 금지 모드
73	通用	tōng yòng	일반, 통용
74	帮助与反馈	bāng zhù yǔ fǎn kuì	도움말 및 의견
75	切换账号	qiē huàn zhàng hào	계정 전환
76	账号与安全	zhàng hào yǔ ān quán	계정 및 보안
77	微信密码	wēi xìn mì mǎ	암호, 위챗 비번
78	声音锁	shēng yīn suǒ	목소리로 잠금, 성문 인식
79	紧急联络人	jǐn jí lián luò rén	비상 연락처
80	更多安全设置	gèng duō ān quán shè zhì	추가 보안 설정
81	青少年模式	qīng shào nián mó shì	저녀 보호 모드
82	隐私	yǐn sī	개인 정보 보호
83	聊天背景	liáo tiān bèi jǐng	채팅창 배경
84	相册	xiàng cè	앨범
85	拍摄	pāi shè	카메라, 사진을 찍다.
86	位置	wèi zhì	위치
87	发送位置	fā sòng wèi zhì	위치 보내기
88	共享实时位置	gòng xiǎng shí shí wèi zhì	실시간 위치 공유하기
89	红包	hóng bāo	빨간 봉투, 럭키 머니
90	转账	zhuǎn zhàng	계좌이체
91	语音输入	yǔ yīn shū rù	음성 입력, 누르고 말하기
92	文件	wén jiàn	파일
93	备注名	bèi zhù míng	별칭, 비고
94	加入黑名单	jiā rù hēi míng dān	차단하기, 블랫리스투 추가.
95	投诉	tóu sù	신고하기
96	常见问题	cháng jiàn wèn tí	자주 하는 질문
97	金融理财	jīn róng lǐ cái	금융 재테크
98	生活服务	shēng huó fú wù	생활 서비스
99	交通出行	jiāo tōng chū xíng	교통 출행
100	购物消费	gòu wù xiāo fèi	쇼핑 소비

 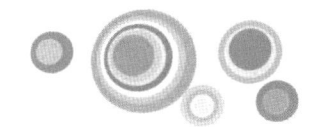

31 틱톡

순서	중국어	중국어 병음	한국어
1	抖音	dǒu yīn	틱톡
2	短视频	duǎn shì pín	쇼트 클립, 짧은 동영상
3	网红	wǎng hóng	인플루언서
4	直播	zhí bō	생방송
5	下播	xià bō	생방송 끝남
6	主播	zhǔ bō	BJ
7	男主播	nán zhǔ bō	남자 BJ
8	女主播	nǚ zhǔ bō	여자 BJ
9	游戏主播	yóu xì zhǔ bō	게임 BJ
10	粉丝	fěn sī	팬
11	粉丝团	fěn sī tuán	팬클럽
12	狂粉	kuáng fěn	광팬
13	脱粉	tuō fěn	탈덕, 탈팬
14	网友	wǎng yǒu	네티즌
15	吃播	chī bō	먹방
16	躺播	tǎng bō	눕방
17	自媒体	zì méi tǐ	1인 미디어
18	视频平台	shì pín píng tái	동영상 플랫폼
19	社交平台	shè jiāo píng tái	소셜 플랫폼
20	软件	ruǎn jiàn	소프트웨어, 앱
21	用户	yòng hù	사용자
22	抖音号	dǒu yīn hào	틱톡 id
23	个人简介	gè rén jiǎn jiè	프로필
24	编辑资料	biān jí zī liào	프로필 수정/편집
25	背景图	bèi jǐng tú	채널아트, 배경 그림
26	点击	diǎn jī	클릭하다
27	点击率	diǎn jī lǜ	조회수, 클릭수
28	直播间	zhí bō jiān	생방송실
29	观看人数	guān kàn rén shù	관람자 수
30	打赏	dǎ shǎng	별풍선

31	刷礼物	shuā lǐ wù	선물을 주다
32	动态/帖子	dòng tài/tiě zi	피드
33	关注	guān zhù	팔로우
34	分享	fēn xiǎng	공유하다
35	评论	píng lùn	댓글
36	点赞	diǎn zàn	좋아요 누르기
37	刷屏	shuā píng	도배하다, 댓글 알바
38	播放时长	bō fàng shí cháng	시청 시간
39	播放时间	bō fàng shí jiān	방송 시간
40	截图	jié tú	캡처
41	评论区	píng lùn qū	댓글창
42	互动	hù dòng	교류하다
43	标题	biāo tí	제목
44	封面	fēng miàn	썸네일
45	审核	shěn hé	심사하여 결정함
46	链接	liàn jiē	링크
47	回关	huí guān	맞팔
48	刷新	shuā xīn	새로 고침
49	数据	shù jù	데이터
50	原创	yuán chuàng	오리지널, 독창
51	推送	tuī sòng	푸쉬
52	脚本	jiǎo běn	대본
53	背景音乐	bèi jǐng yīn yuè	Bgm, 배경 음악
54	字幕	zì mù	자막
55	录制	lù zhì	촬영 제작하다
56	编辑	biān jí	편집하다
57	一键三连	yí jiàn sān lián	퍼가기,좋아요,댓글
58	屏蔽	píng bì	숨김
59	排行榜	pái háng bǎng	순위, 랭킹
60	线上推广	xiàn shàng tuī guǎng	온라인 홍보하다
61	直播带货	zhí bō dài huò	라이브 커머스
62	购物车	gòu wù chē	장바구니
63	秒杀	miǎo shā	타임세일
64	话题	huà tí	화제
65	热度	rè dù	열도, 클릭율

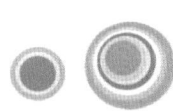 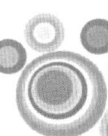

66	录屏	lù píng	화면 녹화
67	博客	bó kè	블로그
68	博主	bó zhǔ	블로거
69	浏览量	liú lǎn liàng	유입량
70	访客数	fǎng kè shù	방문객수
71	访问次数	fǎng wèn cì shù	방문 횟수
72	加载中	jiā zǎi zhōng	로딩중
73	私信	sī xìn	다이렉트 메시지
74	对话框	duì huà kuāng	채팅창
75	云盘	yún pán	클라우드
76	上传	shàng chuán	업로드하다
77	下载	xià zǎi	다운로드하다
78	垃圾信息	lā jī xìn xī	스팸 메시지
79	流量	liú liàng	모바일 데이터
80	滤镜	lǜ jìng	카메라 필터
81	美颜	měi yán	포토샵
82	特效	tè xiào	특수 효과
83	音效	yīn xiào	음향 효과
84	弹窗	tán chuāng	팝업창
85	弹幕	dàn mù	탄막,화면에 댓글을 남기
86	曝光量	bào guāng liàng	노출량
87	素材	sù cái	소재
88	硬广	yìng guǎng	배너 광고
89	完播率	wán bō lǜ	완보률, 영상을 다 본 시청율
90	点赞量	diǎn zàn liàng	라이크량, 좋아요 수량
91	评论量	píng lùn liàng	리뷰량
92	转发量	zhuǎn fā liàng	리트위량, 공유하기 수량
93	充值	chōng zhí	충전하다
94	连麦	lián mài	마이크 연결
95	受众	shòu zhòng	시청자·청취자의 총칭
96	个人主页	gè rén zhǔ yè	개인 홈페이지
97	等级	děng jí	등급
98	播放	bō fàng	재생하다
99	暂停	zàn tíng	일시 정지하다
100	弹出窗广告	tán chū chuāng guǎng gào	팝업 광고

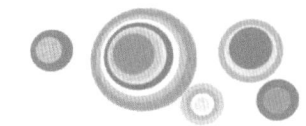

32 운전

순서	중국어	중국어 병음	한국어
1	驾驶	jià shǐ	운전하다
2	方向盘	fāng xiàng pán	핸들
3	倒车灯	dào chē dēng	후진등
4	停车	tíng chē	주차하다
5	座椅	zuò yǐ	좌석
6	安全带	ān quán dài	안전벨트
7	手刹	shǒu shā	사이드 브레이크
8	离合器	lí hé qì	클러치
9	刹车	shā chē	브레이크하다
10	油门	yóu mén	가속 페달
11	挡位	dǎng wèi	기어
12	车灯	chē dēng	자동차 라이트
13	雨刮器	yǔ guā qì	자동차 와이퍼
14	交通标识	jiāo tōng biāo zhì	교통 표지
15	斑马线	bān mǎ xiàn	횡단보도
16	左转向灯	zuǒ zhuǎn xiàng dēng	좌회전 신호
17	右转向灯	yòu zhuǎn xiàng dēng	우회전 신호
18	急刹	jí shā	급브레이크
19	轮胎	lún tāi	타이어
20	车钥匙	chē yào shi	차 열쇠
21	油箱	yóu xiāng	오일 탱크
22	汽油	qì yóu	휘발유
23	机油	jī yóu	기계유, 엔진 오일
24	油箱开关	yóu xiāng kāi guān	오일/연료 탱크 스위치
25	冷却水	lěng què shuǐ	냉각수
26	空挡	kōng dǎng	뉴트럴.(차 변속 기어) 중립의 위치.
27	汽车站	qì chē zhàn	정류장
28	转速表	zhuàn sù biǎo	회전속도계
29	润滑系统	rùn huá xì tǒng	윤활 시스템
30	发动机	fā dòng jī	엔진
31	变速器	biàn sù qì	변속기

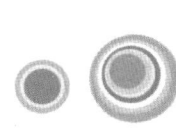
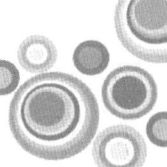

32	后视镜	hòu shì jìng	백미러
33	弯道	wān dào	커브
34	坡路	pō lù	비탈길
35	路口	lù kǒu	갈림길. 길목.
36	信号灯	xìn hào dēng	신호등
37	货车	huò chē	트럭
38	轿车	jiào chē	승용차
39	出租车	chū zū chē	택시
40	越野车	yuè yě chē	지프차
41	保姆车	bǎo mǔ chē	승합차
42	大客车	dà kè chē	대형 승용차
43	鸣笛	míng dí	경적
44	高速公路	gāo sù gōng lù	고속도로
45	油箱套盖	yóu xiāng tào gài	주유구 커버
46	熄火	xī huǒ	엔진 꺼짐
47	转向灯	zhuǎn xiàng dēng	턴 인디케이터
48	掉头	diào tóu	유턴
49	停车场	tíng chē chǎng	주차장
50	牵引汽车	qiān yǐn qì chē	견인차
51	赛车	sài chē	레이스 카
52	消防车	xiāo fáng chē	소방차
53	警车	jǐng chē	경찰차
54	救护车	jiù hù chē	앰뷸런스, 구급차
55	大巴车	dà bā chē	버스
56	跑车	pǎo chē	스포츠카
57	摩托车	mó tuō chē	오토바이
58	自行车	zì xíng chē	자전거
59	商务车	shāng wù chē	상용차
60	底盘	dǐ pán	섀시
61	散热风扇	sàn rè fēng shàn	쿨링팬
62	车载导航	chē zài dǎo háng	차량용 내비게이터
63	前大灯	qián dà dēng	헤드라이트
64	转向器	zhuǎn xiàng qì	스티어링
65	尾灯	wěi dēng	미등
66	路牌	lù pái	도로 표지

67	行人	xíng rén	보행자
68	交警	jiāo jǐng	교통경찰
69	堵车	dǔ chē	차가 막힘
70	车道	chē dào	차도
71	临时停车场	lín shí tíng chē chǎng	임시주차장
72	兜风	dōu fēng	드라이브하다
73	后备箱	hòu bèi xiāng	트렁크
74	备用车胎	bèi yòng chē tāi	예비용 차도
75	抛锚区	pāo máo qū	대기정박지
76	肇事逃逸	zhào shì táo yì	뺑소니를 치다
77	车载音响	chē zài yīn xiǎng	카스테레오
78	副驾驶座	fù jià shǐ zuò	조수석
79	后座	hòu zuò	뒷좌석
80	车牌	chē pái	자동차 면허증
81	驾驶证	jià shǐ zhèng	운전 면허증
82	车库	chē kù	차고
83	自动挡	zì dòng dǎng	자동 변속기
84	手动挡	shǒu dòng dǎng	수동 변속기
85	雾灯	wù dēng	안개등
86	刹车灯	shā chē dēng	브레이크등
87	变道	biàn dào	차선을 버꿈
88	车速	chē sù	차의 속도
89	转速	zhuàn sù	회전 속도
90	轮胎气压	lún tāi qì yā	타이어 기압
91	超速	chāo sù	과속하다
92	超载	chāo zài	적재량 초과하다
93	车门	chē mén	차 도어
94	车窗	chē chuāng	차창
95	服务区	fú wù qū	휴게소
96	收费站	shōu fèi zhàn	톨게이트
97	超车道	chāo chē dào	추월로
98	加速器	jiā sù qì	가속기
99	减速带	jiǎn sù dài	과속 방지 턱
100	路灯	lù dēng	가로등

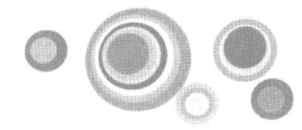

33 TV

순서	중국어	중국어 병음	한국어
1	电视	diàn shì	TV
2	电影	diàn yǐng	영화
3	频道	pín dào	채널
4	喜剧	xǐ jù	코미디
5	动漫	dòng màn	애니메이션
6	戏曲	xì qǔ	희곡
7	新闻	xīn wén	뉴스
8	嘉宾	jiā bīn	게스트
9	网综	wǎng zōng	웹 예능 프로그램
10	更新	gēng xīn	업데이트
11	日榜	rì bǎng	일간 차트
12	周榜	zhōu bǎng	주간 차트
13	月榜	yuè bǎng	월간 차트
14	简讯	jiǎn xùn	간단한 소식, 단신
15	要闻	yào wén	주요 소식, 메인 뉴스
16	转播	zhuǎn bō	중계 방송
17	录播	lù bō	녹화 방송
18	重播	chóng bō	재방송
19	看过	kàn guò	본 영상
20	港剧	gǎng jù	홍콩 드라마
21	泰剧	tài jù	태국 드라마
22	韩剧	hán jù	한국 드라마
23	日剧	rì jù	일본 드라마
24	台剧	tái jù	대만 드라마
25	网剧	wǎng jù	인터넷 드라마
26	全集	quán jí	전집, 전편, 몰아보기
27	剧情	jù qíng	줄거리
28	剧透	jù tòu	스포일러
29	花絮	huā xù	비하인드
30	配音	pèi yīn	더빙하다
31	超清	chāo qīng	초고화질

32	高清	gāo qīng	고화질
33	标清	biāo qīng	표준 화질
34	弹幕	dàn mù	탄막, 화면에 댓글을 남기
35	编导	biān dǎo	각본과 연출
36	观众	guān zhòng	시청자
37	导演	dǎo yǎn	감독
38	编剧	biān jù	각본가. 작가
39	广告	guǎng gào	광고
40	摄影师	shè yǐng shī	카메라맨, 카메라 감독
41	节目单	jié mù dān	프로그램. 공연 리스트
42	第○集	dì ○ jí	(드라마의) 제 ○ 회
43	第○期	dì ○ qī	(프로그램의) 제 ○ 회
44	电视剧	diàn shì jù	드라마
45	肥皂剧	féi zào jù	일일 드라마
46	纪录片	jì lù piàn	다큐멘터리
47	收视率	shōu shì lǜ	시청률
48	古装剧	gǔ zhuāng jù	시대극, 사극
49	历史剧	lì shǐ jù	사극
50	海外剧	hǎi wài jù	해외 드라마
51	网络剧	wǎng luò jù	웹 드라마
52	独播剧	dú bō jù	단독 방송 드라마
53	热播剧	rè bō jù	인기 드라마
54	翻拍剧	fān pāi jù	리메이크 드라마
55	仙侠剧	xiān xiá jù	선협극, 무협 드라마
56	宫斗剧	gōng dòu jù	궁정 사극
57	抗战剧	kàng zhàn jù	항전극, 전쟁 드라마
58	谍战剧	dié zhàn jù	스파이극
59	家庭剧	jiā tíng jù	홈 드라마, 가정극
60	校园剧	xiào yuán jù	학교 드라마
61	悬疑剧	xuán yí jù	미스터리극
62	职场剧	zhí chǎng jù	직장 드라마
63	穿越剧	chuān yuè jù	타임슬립 드라마
64	真人秀	zhēn rén xiù	리얼리티 쇼
65	脱口秀	tuō kǒu xiù	토크 쇼
66	赞助商	zàn zhù shāng	협찬사. 후원사. 스폰서

梦想中国语 词汇

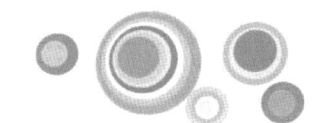

67	化妆师	huà zhuāng shī	분장사
68	演播室	yǎn bò shì	스튜디오
69	电视台	diàn shì tái	방송국
70	节目单	jié mù dān	프로그램 리스트
71	电视节目	diàn shì jié mù	TV 프로그램
72	综艺节目	zōng yì jié mù	예능 프로그램
73	才艺表演	cái yì biǎo yǎn	장기자랑
74	情景喜剧	qíng jǐng xǐ jù	시트콤
75	体育赛事	tǐ yù sài shì	스포츠 경기
76	天气预报	tiān qì yù bào	일기 예보
77	实况报道	shí kuàng bào dào	실황 방송
78	有线电视	yǒu xiàn diàn shì	유선 텔레비전
79	访谈节目	fǎng tán jié mù	대담 프로그램
80	免费观看	miǎn fèi guān kàn	무료 보기
81	超前点播	chāo qián diǎn bō	미리보기
82	○○卫视	○○wèi shì	○○(지방)방송국
83	音乐竞技	yīn yuè jìng jì	음악 경기
84	表演竞技	biǎo yǎn jìng jì	연기 경기
85	舞蹈竞技	wǔ dǎo jìng jì	댄스 경기
86	养生节目	yǎng shēng jié mù	건강 프로그램
87	旅游节目	lǚ yóu jié mù	여행 프로그램
88	育儿节目	yù ér jié mù	육아 프로그램
89	辩论节目	biàn lùn jié mù	토론 프로그램
90	军事节目	jūn shì jié mù	군사 프로그램
91	选秀节目	xuǎn xiù jié mù	오디션 프로그램
92	美食节目	měi shí jié mù	요리 프로그램
93	少儿节目	shào ér jié mù	아동 프로그램
94	自制综艺	zì zhì zōng yì	자작 예능
95	网络综艺	wǎng luò zōng yì	웹 예능
96	现场直播	xiàn chǎng zhí bō	생방송
97	舞台灯光	wǔ tái dēng guāng	무대 조명
98	中央电视台	zhōng yāng diàn shì tái	중앙 방송국
99	经典电视剧	jīng diǎn diàn shì jù	레전드 드라마
100	青春偶像剧	qīng chūn ǒu xiàng jù	청춘 드라마

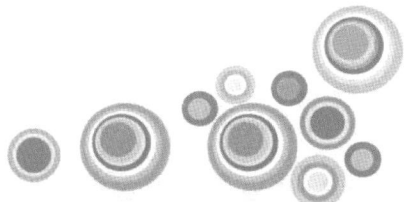

34 학교

순서	중국어	중국어 병음	한국어
1	学校	xué xiào	학교
2	幼儿园	yòu ér yuán	유치원
3	小学	xiǎo xué	초등학교
4	初中	chū zhōng	중학교
5	高中	gāo zhōng	고등학교
6	大学	dà xué	대학교
7	研究生院	yán jiū shēng yuàn	대학원
8	补习班	bǔ xí bān	학원
9	课外辅导	kè wài fǔ dǎo	과외
10	教室	jiào shì	교실
11	办公室	bàn gōng shì	사무실
12	校长室	xiào zhǎng shì	총장실
13	教务处	jiào wù chù	교무실
14	操场	cāo chǎng	운동장
15	图书馆	tú shū guǎn	도서관
16	体育馆	tǐ yù guǎn	체육관
17	化学实验室	huà xué shí yàn shì	화학 실험실
18	电脑教室	diàn nǎo jiào shì	컴퓨터교실
19	游泳馆	yóu yǒng guǎn	수영장
20	食堂	shí táng	학생 식당
21	保健室	bǎo jiàn shì	양호실
22	宿舍	sù shè	기숙사
23	篮球场	lán qiú chǎng	농구 코트
24	礼堂	lǐ táng	강당
25	网球场	wǎng qiú chǎng	테니스 코트. 테니스장.
26	足球场	zú qiú chǎng	축구장
27	学生咨询处	xué shēng zī xún chù	학생 상담실
28	校报社	xiào bào shè	학교 신문사
29	广播站	guǎng bō zhàn	방송부
30	社团活动室	shè tuán huó dòng shì	동아리 방
31	会议室	huì yì shì	세미나실

32	实验室	shí yàn shì	실험실
33	书店	shū diàn	서점
34	文具店	wén jù diàn	문구점
35	便利店	biàn lì diàn	편의점
36	班车站	bān chē zhàn	셔틀버스 승차장
37	校车	xiào chē	스쿨버스
38	自动售卖机	zì dòng shòu mài jī	자동판매기
39	课程表	kè chéng biǎo	강의시간표
40	课本	kè běn	교과서, 책
41	笔记本	bǐ jì běn	공책
42	作业	zuò yè	숙제
43	校服	xiào fú	교복
44	学生证	xué shēng zhèng	학생증
45	借书证	jiè shū zhèng	도서 대출증
46	饮水机	yǐn shuǐ jī	정수기
47	黑板	hēi bǎn	칠판
48	白板	bái bǎn	백판
49	粉笔	fěn bǐ	분필
50	布告栏	bù gào lán	공고판
51	置物柜	zhì wù guì	사물함
52	投影仪	tóu yǐng yí	프로젝터
53	讲台	jiǎng tái	강단
54	课桌	kè zhuō	책상
55	椅子	yǐ zi	의자
56	喇叭	lǎ bā	확성기, 마이크
57	校长	xiào zhǎng	교장/총장
58	老师	lǎo shī	선생님
59	教授	jiào shòu	교수
60	助教	zhù jiào	조교
61	讲师	jiǎng shī	강사
62	学生	xué shēng	학생
63	同学	tóng xué	동창
64	会长	huì zhǎng	회장
65	班长	bān zhǎng	반장
66	副班长	fù bān zhǎng	부반장

67	课代表	kè dài biǎo	과대표
68	组长	zǔ zhǎng	팀장, 조장
69	社团	shè tuán	동아리
70	升旗典礼	shēng qí diǎn lǐ	국기 게양식
71	早自习	zǎo zì xí	아침 자습시간
72	晚自习	wǎn zì xí	저녁 자습시간
73	运动会	yùn dòng huì	운동회
74	班会	bān huì	학급 회의
75	比赛	bǐ sài	시합
76	演讲比赛	yǎn jiǎng bǐ sài	웅변 대회
77	作文比赛	zuò wén bǐ sài	작문 시합
78	考试	kǎo shì	시험
79	试卷	shì juàn	시험지
80	寒假	hán jià	겨울 방학
81	暑假	shǔ jià	여름 방학
82	小学生	xiǎo xué shēng	초등학생
83	中学生	zhōng xué shēng	중학생
84	高中生	gāo zhōng shēng	고등학생
85	大学生	dà xué shēng	대학생
86	研究生	yán jiū shēng	대학원생
87	博士	bó shì	박사
88	交换生	jiāo huàn shēng	교환생
89	留学生	liú xué shēng	유학생
90	转校生	zhuǎn xiào shēng	전학생
91	新生	xīn shēng	신입생
92	毕业生	bì yè shēng	졸업생
93	数学课	shù xué kè	수학 수업
94	语文课	yǔ wén kè	국어 수업
95	英语课	yīng yǔ kè	영어 수업
96	体育课	tǐ yù kè	체육 수업
97	音乐课	yīn yuè kè	음악 수업
98	美术课	měi shù kè	미술 수업
99	历史课	lì shǐ kè	역사 수업
100	地理课	dì lǐ kè	지리 수업

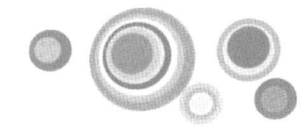

35 교실

순서	중국어	중국어 병음	한국어
1	教室	jiào shì	교실
2	老师	lǎo shī	선생님
3	学生	xué shēng	학생
4	同学	tóng xué	동창
5	讲台	jiǎng tái	강단
6	黑板	hēi bǎn	칠판
7	白板	bái bǎn	화이트보드
8	粉笔	fěn bǐ	분필
9	白板笔	bái bǎn bǐ	화이트보드 펜
10	电子屏幕	diàn zǐ píng mù	전자 스크린
11	书桌	shū zhuō	책상
12	板凳	bǎn dèng	의자, 나무 걸상
13	钢琴	gāng qín	피아노
14	书架	shū jià	책장
15	鞋架	xié jià	신발장
16	日历	rì lì	달력
17	地图	dì tú	지도
18	教科书	jiào kē shū	교과서
19	奖状	jiǎng zhuàng	상장
20	校服	xiào fú	교복
21	课程表	kè chéng biǎo	수업 시간표
22	地球仪	dì qiú yí	지구의
23	地板	dì bǎn	바닥
24	天花板	tiān huā bǎn	천장
25	电灯	diàn dēng	전등
26	门	mén	문
27	窗户	chuāng hù	창문
28	玻璃	bō lí	유리
29	窗帘	chuāng lián	커튼
30	广播	guǎng bò	방송

梦想中国语 词汇

31	电脑	diàn nǎo	컴퓨터
32	字典	zì diǎn	사전
33	公告栏	gōng gào lán	게시판
34	书	shū	책
35	书包	shū bāo	책가방
36	课本	kè běn	교과서
37	钟表	zhōng biǎo	시계
38	钥匙	yào shi	열쇠, 키
39	手表	shǒu biǎo	손목 시계
40	书立	shū lì	책꽂이
41	黑板擦	hēi bǎn cā	지우개
42	笔袋	bǐ dài	필통
43	笔	bǐ	펜
44	铅笔	qiān bǐ	연필
45	自动铅笔	zì dòng qiān bǐ	샤프 펜슬
46	笔芯	bǐ xīn	샤프심
47	钢笔	gāng bǐ	만년필
48	毛笔	máo bǐ	붓
49	墨水	mò shuǐ	잉크
50	蜡笔	là bǐ	크레용
51	水彩笔	shuǐ cǎi bǐ	수채화 펜
52	荧光笔	yíng guāng bǐ	형광펜
53	圆珠笔	yuán zhū bǐ	볼펜
54	中性笔	zhōng xìng bǐ	중성펜
55	削笔刀	xiāo bǐ dāo	연필 깎기
56	修正带	xiū zhèng dài	수정 테이프
57	修正液	xiū zhèng yè	수정액
58	橡皮擦	xiàng pí cā	지우개
59	笔记本	bǐ jì běn	노트
60	草稿纸	cǎo gǎo zhǐ	연습장
61	双面胶	shuāng miàn jiāo	양면 테이프
62	固体胶	gù tǐ jiāo	딱풀
63	胶水	jiāo shuǐ	풀
64	胶带	jiāo dài	테이프
65	剪刀	jiǎn dāo	가위

梦想中国语 词汇

66	别针	bié zhēn	핀
67	圆规	yuán guī	나침반
68	尺子	chǐ zi	자
69	直尺	zhí chǐ	직선자
70	三角尺	sān jiǎo chǐ	삼각자
71	量角器	liáng jiǎo qì	각도기
72	美工刀	měi gōng dāo	커터 칼
73	刀片	dāo piàn	커터 날
74	便利贴	biàn lì tiē	떡 메모지
75	标记贴	biāo jì tiē	인덱스 스티커
76	铅笔盒	qiān bǐ hé	연필통
77	订书机	dìng shū jī	호치키스
78	订书针	dìng shū zhēn	스테이플
79	放大镜	fàng dà jìng	확대경
80	显微镜	xiǎn wēi jìng	현미경
81	望远镜	wàng yuǎn jìng	망원경
82	文件夹	wén jiàn jiā	폴더
83	文件袋	wén jiàn dài	파일 홀더
84	计算器	jì suàn qì	계산기
85	实验室	shí yàn shì	실험실
86	多媒体教室	duō méi tǐ jiào shì	미디어 교실
87	中央空调	zhōng yāng kòng tiáo	중앙 에어컨
88	语文	yǔ wén	국어
89	数学	shù xué	수학
90	英语	yīng yǔ	영어
91	中文	zhōng wén	중국어
92	物理	wù lǐ	물리
93	化学	huà xué	화학
94	生物	shēng wù	생물
95	历史	lì shǐ	역사
96	地理	dì lǐ	지리
97	政治	zhèng zhì	정치
98	音乐	yīn yuè	음악
99	思想品德	sī xiǎng pǐn dé	도덕
100	体育	tǐ yù	체육

36 운동

순서	중국어	중국어 병음	한국어
1	跑步	pǎo bù	달리기
2	竞走	jìng zǒu	경보
3	长跑	cháng pǎo	장거리 달리기
4	短跑	duǎn pǎo	단거리 달리기
5	马拉松	mǎ lā sōng	마라톤
6	跨栏	kuà lán	허들 레이스.
7	跑酷	pǎo kù	프리러닝
8	登山	dēng shān	등산
9	攀岩	pān yán	암벽등반
10	蹦极	bèng jí	번지점프
11	射箭	shè jiàn	양궁
12	射击	shè jī	사격
13	帆船	fān chuán	요트
14	漂流	piāo liú	래프팅
15	冲浪	chōng làng	서핑
16	跳伞	tiào sǎn	스카이 다이빙
17	滑雪	huá xuě	스키
18	滑板	huá bǎn	스케이트 보드
19	轮滑	lún huá	인라인 스케이트
20	滑冰	huá bīng	스케이팅
21	速滑	sù huá	스피드 스케이팅
22	冰球	bīng qiú	아이스 하키
23	旱冰	hàn bīng	롤러 스케이트
24	冰壶	bīng hú	컬링
25	举重	jǔ zhòng	역도
26	游泳	yóu yǒng	수영
27	单杠	dān gàng	철봉
28	双杠	shuāng gàng	평행봉
29	潜水	qián shuǐ	다이빙
30	热气球	rè qì qiú	열기구

31	摩托艇	mó tuō tǐng	모터 보트
32	滑翔伞	huá xiáng sǎn	패러글라이딩
33	单板滑雪	dān bǎn huá xuě	스노우보드
34	高山滑雪	gāo shān huá xuě	알파인스키
35	钢架雪车	gāng jià xuě chē	스켈레톤
36	短道速滑	duǎn dào sù huá	쇼트 트랙
37	花样滑冰	huā yàng huá bīng	피겨 스케이팅
38	羽毛球	yǔ máo qiú	배드민턴
39	棒球	bàng qiú	야구
40	篮球	lán qiú	농구
41	足球	zú qiú	축구
42	手球	shǒu qiú	핸드볼
43	曲棍球	qū gùn qiú	필드 하키
44	垒球	lěi qiú	소프트볼
45	乒乓球	pīng pāng qiú	탁구
46	网球	wǎng qiú	테니스
47	排球	pái qiú	배구
48	太极拳	tài jí quán	태극권
49	门球	mén qiú	크로케
50	壁球	bì qiú	스쿼시
51	台球	tái qiú	당구
52	高尔夫	gāo ěrfū	골프
53	保龄球	bǎo líng qiú	볼링
54	橄榄球	gǎn lǎn qiú	럭비
55	皮划艇	pí huá tǐng	카누
56	赛马	sài mǎ	경마
57	柔道	róu dào	유도
58	摔跤	shuāi jiāo	씨름
59	武术	wǔ shù	무술
60	跆拳道	tái quán dào	태권도
61	马术	mǎ shù	마술
62	自行车	zì xíng chē	자전거
63	跳绳	tiào shéng	줄넘기
64	跳远	tiào yuǎn	멀리뛰기
65	跳高	tiào gāo	높이뛰기

66	跳水	tiào shuǐ	다이빙
67	水球	shuǐ qiú	수구
68	撑杆跳高	chēng gān tiào gāo	장대 높이뛰기
69	三级跳远	sān jí tiào yuǎn	3단 뛰기
70	推铅球	tuī qiān qiú	투포환
71	掷铁饼	zhì tiě bǐng	원반 던지기
72	掷标枪	zhì biāo qiāng	투창
73	蛙泳	wā yǒng	평영
74	蝶泳	dié yǒng	접영
75	仰泳	yǎng yǒng	배영
76	自由泳	zì yóu yǒng	자유형
77	蹦床	bèng chuáng	트램펄린
78	自由潜水	zì yóu qián shuǐ	프리다이빙
79	拔河	bá hé	줄다리기
80	铁人三项	tiě rén sān xiàng	철인 3종
81	瑜伽	yú jiā	요가
82	体操	tǐ cāo	체조
83	呼啦圈	hū lā quān	훌라후프
84	踏板操	tà bǎn cāo	스텝 댄스
85	普拉提	pǔ lā tí	필라테스
86	有氧操	yǒu yǎng cāo	에어로빅
87	霹雳舞	pī lì wǔ	브레이크댄스
88	花样游泳	huā yàng yóu yǒng	수중 발레
89	冰上芭蕾	bīng shàng bā lěi	아이스 발레
90	艺术体操	yì shù tǐ cāo	리듬체조
91	室内蹦极	shì nèi bèng jí	번지 피트니스
92	空中滑板	kōng zhōng huá bǎn	스카이 서핑
93	山地摩托车	shān dì mó tuō chē	산악 오토바이
94	自行车越野	zì xíng chē yuè yě	산악 자전거
95	水肺潜水	shuǐ fèi qián shuǐ	스쿠버 다이빙
96	翼装飞行	yì zhuāng fēi xíng	윙슈트 플라잉
97	滑水运动	huá shuǐ yùn dòng	수상 스키
98	相扑	xiàng pū	스모
99	杂技	zá jì	서커스
100	雪橇	xuě qiāo	썰매

37 전공

순서	중국어	중국어 병음	한국어
1	专业	zhuān yè	전공
2	国语国文系	guó yǔ guó wén xì	국어국문학과
3	韩语教育系	hán yǔ jiào yù xì	한국어교육학과
4	哲学系	zhé xué xì	철학과
5	历史系	lì shǐ xì	역사학과
6	法学系	fǎ xué xì	법학과
7	行政专业系	xíng zhèng zhuān yè xì	행정학과
8	社会福利系	shè huì fú lì xì	사회복지학과
9	新闻传媒系	xīn wén chuán méi xì	신문방송학과
10	经济学系	jīng jì xué xì	경제학과
11	经营学系	jīng yíng xué xì	경영학과
12	统计学系	tǒng jì xué xì	통계학과
13	电子工程系	diàn zǐ gōng chéng xì	전자공학과
14	通信工程系	tōng xìn gōng chéng xì	통신공학과
15	计算机工程系	jì suàn jī gōng chéng xì	컴퓨터공학과
16	建筑工程系	jiàn zhù gōng chéng xì	건축공학과
17	环境工程系	huán jìng gōng chéng xì	환경공학과
18	产业经营工程系	chǎn yè jīng yíng gōng chéng xì	산업경영공학과
19	电气工程系	diàn qì gōng chéng xì	전기공학과
20	应用化学系	yìng yòng huà xué xì	응용화학과
21	化学工程系	huà xué gōng chéng xì	화학공학과
22	生命科学系	shēng mìng kē xué xì	생명과학과
23	食品营养系	shí pǐn yíng yǎng xì	식품영양학과
24	美术系	měi shù xì	미술학과
25	音乐系	yīn yuè xì	음악학과
26	设计系	shè jì xì	디자인학과
27	戏剧系	xì jù xì	연극학과
28	舞蹈系	wǔ dǎo xì	무용학과
29	物理系	wù lǐ xì	물리학과
30	数学系	shù xué xì	수학과

31	化学系	huà xué xì	화학과
32	生物系	shēng wù xì	생물학과
33	建筑系	jiàn zhù xì	건축학과
34	日语系	rì yǔ xì	일본어학과
35	中文系	zhōng wén xì	중국어학과
36	德语系	dé yǔ xì	독일어학과
37	法语系	fǎ yǔ xì	프랑스어학과
38	俄语系	é yǔ xì	러시아어학과
39	西班牙语系	xī bān yá yǔ xì	스페인어학과
40	泰语系	tài yǔ xì	태국어학과
41	越南语系	yuè nán yǔ xì	베트남어학과
42	阿拉伯语系	ā lā bó yǔ xì	아랍어학과
43	古典文学系	gǔ diǎn wén xué xì	고전문학과
44	现代文学系	xiàn dài wén xué xì	현대문학과
45	英文教育系	yīng wén jiào yù xì	영어교육학과
46	幼儿教育系	yòu ér jiào yù xì	유아교육학과
47	心理学系	xīn lǐ xué xì	심리학과
48	医学系	yī xué xì	의학과
49	护理系	hù lǐ xì	간호학과
50	兽医系	shòu yī xì	수의학과
51	口腔医学系	kǒu qiāng yī xué xì	치기공학과
52	药学	yào xué	약학
53	精神医学	jīng shén yī xué	정신의학
54	解剖学	jiě pōu xué	해부학
55	工业设计系	gōng yè shè jì xì	공업디자인학과
56	广告设计系	guǎng gào shè jì xì	광고디자인학과
57	时装设计系	shí zhuāng shè jì xì	패션디자인학과
58	考古学系	kǎo gǔ xué xì	고고학과
59	地理学系	dì lǐ xué xì	지리학과
60	人类学系	rén lèi xué xì	인류학과
61	政治学系	zhèng zhì xué xì	정치학과
62	政治外交学系	zhèng zhì wài jiāo xué xì	정치외교학과
63	行政管理学系	xíng zhèng guǎn lǐ xué xì	행정관리학과
64	语言学系	yǔ yán xué xì	언어학과
65	植物学系	zhí wù xué xì	식물학과

66	艺术系	yì shù xì	예술학과
67	体育系	tǐ yù xì	체육학과
68	教育系	jiào yù xì	교육학과
69	教育心理学	jiào yù xīn lǐ xué	교육심리학
70	文献信息学	wén xiàn xìn xī xué	문헌정보학
71	社会学	shè huì xué	사회학
72	逻辑学	luó jí xué	논리학
73	地质学	dì zhì xué	지질학
74	旅游经济学	lǚ yóu jīng jì xué	관광경영학
75	宗教学	zōng jiào xué	종교학
76	电子商务	diàn zǐ shāng wù	e-비지니스
77	电子贸易	diàn zǐ mào yì	전자상거래, 이커머스
78	陶艺设计	táo yì shè jì	도예디자인
79	视觉设计	shì jué shè jì	시각디자인
80	色彩设计	sè cǎi shè jì	색체디자인
81	产业设计	chǎn yè shè jì	산업디자인
82	工艺设计	gōng yì shè jì	공예디자인
83	数码设计	shù mǎ shè jì	디지털디자인
84	产品服务设计	chǎn pǐn fú wù shè jì	제품서비스디자인
85	导演系	dǎo yǎn xì	감독학과
86	表演系	biǎo yǎn xì	연기학과
87	摄影系	shè yǐng xì	촬영학과
88	国际经济	guó jì jīng jì	국제경제
89	国际通商	guó jì tōng shāng	국제통상
90	国际贸易	guó jì mào yì	국제무역
91	运营管理	yùn yíng guǎn lǐ	운영관리
92	物流管理	wù liú guǎn lǐ	물류관리
93	市场营销	shì chǎng yíng xiāo	마케팅
94	财务金融	cái wù jīn róng	재무금융
95	生产管理	shēng chǎn guǎn lǐ	생산관리
96	会计	kuài jì	회계
97	金融投资	jīn róng tóu zī	금융투자
98	物理治疗	wù lǐ zhì liáo	물리치료
99	人工智能	rén gōng zhì néng	인공지능
100	航空服务	háng kōng fú wù	항공서비스

38 우주

순서	중국어	중국어 병음	한국어
1	宇宙	yǔ zhòu	우주
2	银河系	yín hé xì	은하계
3	太阳系	tài yáng xì	태양계
4	天体	tiān tǐ	천체
5	行星	xíng xīng	행성
6	木星	mù xīng	목성
7	火星	huǒ xīng	화성
8	水星	shuǐ xīng	수성
9	土星	tǔ xīng	토성
10	金星	jīn xīng	금성
11	地球	dì qiú	지구
12	太阳	tài yáng	태양
13	天王星	tiān wáng xīng	천왕성
14	海王星	hǎi wáng xīng	해왕성
15	冥王星	míng wáng xīng	명왕성
16	月球	yuè qiú	달
17	满月	mǎn yuè	보름달
18	新月	xīn yuè	초승달
19	半月	bàn yuè	반달
20	流星	liú xīng	유성
21	星星	xīng xīng	별
22	小行星	xiǎo xíng xīng	소행성
23	矮行星	ǎi xíng xīng	왜행성
24	恒星	héng xīng	항성
25	彗星	huì xīng	혜성
26	卫星	wèi xīng	위성
27	星云	xīng yún	성운
28	星团	xīng tuán	성단
29	星流	xīng liú	성류
30	星际物质	xīng jì wù zhì	성간물질

31	星座	xīng zuò	성좌
32	水瓶座	shuǐ píng zuò	물병자리
33	白羊座	bái yáng zuò	백양자리
34	巨蟹座	jù xiè zuò	게자리
35	双鱼座	shuāng yú zuò	고기자리
36	双子座	shuāng zǐ zuò	쌍둥이자리
37	金牛座	jīn niú zuò	황소자리
38	狮子座	shī zi zuò	사자자리
39	天秤座	tiān chèng zuò	천칭자리
40	处女座	chǔ nǚ zuò	처녀자리
41	射手座	shè shǒu zuò	사수자리
42	天蝎座	tiān xiē zuò	전갈자리
43	摩羯座	mó jié zuò	염소자리
44	小熊座	xiǎo xióng zuò	소웅좌
45	大熊座	dà xióng zuò	대웅좌
46	北极星	běi jí xīng	북극성
47	北斗七星	běi dǒu qī xīng	북두칠성
48	天狼星	tiān láng xīng	천랑성
49	蛇夫座	shé fū zuò	뱀주인자리
50	仙后座	xiān hòu zuò	카시오페이아자리
51	黑洞	hēi dòng	블랙홀
52	电磁波	diàn cí bō	전자파
53	对流层	duì liú céng	대류권
54	光球层	guāng qiú céng	광구
55	日珥	rì ěr	일이
56	日冕	rì miǎn	백광
57	太阳黑子	tài yáng hēi zǐ	태양 흑점
58	太阳耀斑	tài yáng yào bān	백반
59	太阳风	tài yáng fēng	태양풍
60	大气压	dà qì yā	대기압
61	气流	qì liú	기류
62	磁场	cí chǎng	자장
63	日食	rì shí	일식
64	日全食	rì quán shí	개기 일식
65	日偏食	rì piān shí	일편식

66	日环食	rì huán shí	일환식
67	月食	yuè shí	월식
68	月全食	yuè quán shí	개기 월식
69	月偏食	yuè piān shí	부분 월식
70	大气层	dà qì céng	대기층
71	平流层	píng liú céng	성층권
72	质子	zhì zǐ	양자
73	中子	zhōng zǐ	중성자
74	电子	diàn zǐ	전자
75	光子	guāng zǐ	광자
76	粒子	lì zǐ	입자
77	原子核	yuán zǐ hé	원자핵
78	离子	lí zǐ	이온
79	极夜	jí yè	극야
80	极昼	jí zhòu	극주
81	极光	jí guāng	극광
82	经度	jīng dù	경도
83	纬度	wěi dù	위도
84	黄道	huáng dào	황도
85	子午线	zǐ wǔ xiàn	자오선
86	自转	zì zhuàn	자전
87	公转	gōng zhuàn	공전
88	北极	běi jí	북극
89	南极	nán jí	남극
90	赤道	chì dào	적도
91	航天局	háng tiān jú	항천국
92	人造卫星	rén zào wèi xīng	인공위성
93	卫星发射基地	wèi xīng fā shè jī dì	위성 발사 기지
94	天文台	tiān wén tái	천문대
95	天文望远镜	tiān wén wàng yuǎn jìng	천체 망원경
96	赤道仪	chì dào yí	적도의
97	载人飞船	zài rén fēi chuán	유인 우주선
98	火箭	huǒ jiàn	화전
99	空间站	kōng jiān zhàn	우주 정거장
100	宇航员	yǔ háng yuán	우주 비행사

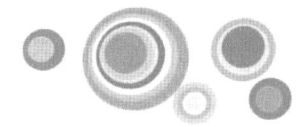

39 천문

순서	중국어	중국어 병음	한국어
1	宇宙	yǔ zhòu	우주
2	太阳	tài yáng	태양
3	地球	dì qiú	지구
4	月球	yuè qiú	달
5	火星	huǒ xīng	화성
6	冥王星	míng wáng xīng	명왕성
7	海王星	hǎi wáng xīng	해왕성
8	水星	shuǐ xīng	수성
9	猎户座	liè hù zuò	오리온자리
10	金星	jīn xīng	금성
11	木星	mù xīng	목성
12	土星	tǔ xīng	토성
13	远地点	yuǎn dì diǎn	원지점
14	近地点	jìn dì diǎn	근지점
15	上弦	shàng xián	상현
16	下弦	xià xián	하현
17	恒星	héng xīng	항성
18	行星	xíng xīng	행성
19	虫洞	chóng dòng	웜홀
20	黑洞	hēi dòng	블랙홀
21	星云	xīng yún	성운
22	太阳黑子	tài yáng hēi zǐ	태양 흑점
23	耀斑	yào bān	플레어
24	小行星	xiǎo xíng xīng	소행성
25	中子星	zhōng zǐ xīng	중성자성
26	日环食	rì huán shí	금환 일식
27	日全食	rì quán shí	개기 일식
28	星团	xīng tuán	성단
29	月偏食	yuè piān shí	부분 월식
30	日偏食	rì piān shí	부분 일식

 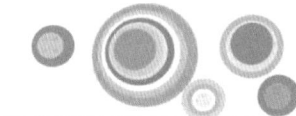

31	月晕	yuè yùn	달무리
32	星座	xīng zuò	별자리
33	β星	béi tā xīng	베타성
34	米拉变星	mǐ lā biàn xīng	미라성
35	双子座	shuāng zǐ zuò	제미니
36	御夫座	yù fū zuò	마차부자리
37	巨蟹座	jù xiè zuò	게자리
38	天鹅座	tiān é zuò	백조자리
39	金牛座	jīn niú zuò	황소자리
40	船尾座	chuán wěi zuò	고물자리
41	盾牌座	dùn pái zuò	방패자리
42	仙后座	xiān hòu zuò	카시오페이아자리
43	英仙座	yīng xiān zuò	페르세우스자리
44	麒麟座	qí lín zuò	기린자리
45	星群	xīng qún	성군
46	蜂巢星团	fēng cháo xīng tuán	M44
47	天区	tiān qū	천구의 한 범위
48	白羊座	bái yáng zuò	양자리
49	狮子座	shī zǐ zuò	사자자리
50	处女座	chǔ nǚ zuò	처녀자리
51	天秤座	tiān chèng zuò	천칭자리
52	天蝎座	tiān xiē zuò	전갈지리
53	双鱼座	shuāng yú zuò	물고기자리
54	水瓶座	shuǐ píng zuò	물병자리
55	人马座	rén mǎ zuò	사수자리
56	蛇夫座	shé fū zuò	뱀주인자리
57	黄道	huáng dào	황도
58	赤道	chì dào	적도
59	北极圈	běi jí quān	북극권
60	南极圈	nán jí quān	남극권
61	东经	dōng jīng	동경
62	北纬	běi wěi	북위
63	西经	xī jīng	서경
64	南纬	nán wěi	남위
65	春风点	chūn fēng diǎn	춘분점

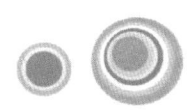

66	秋风点	qiū fēng diǎn	추분점
67	银河系	yín hé xì	은하계
68	太阳系	tài yáng xì	태양계
69	自转周期	zì zhuǎn zhōu qí	자전 주기
70	光谱	guāng pǔ	스펙트럼
71	白道	bái dào	백도
72	重力	zhòng lì	중력
73	朔月	shuò yuè	삭월
74	新月	xīn yuè	신월
75	初月	chū yuè	초월
76	却月	què yuè	각월
77	细月	xì yuè	세월
78	弦月	xián yuè	현월
79	望月	wàng yuè	망월
80	南鱼座	nán yú zuò	남쪽물고기자리
81	天龙座	tiān lóng zuò	용자리
82	南冕座	nán miǎn zuò	남쪽왕관자리
83	天燕座	tiān yàn zuò	극락조자리
84	南三角座	nán sān jiǎo zuò	남쪽삼각형자리
85	狐狸座	hú lí zuò	여우자리
86	时钟座	shí zhōng zuò	시계자리
87	北冕座	běi miǎn zuò	북쪽왕관자리
88	牧夫座	mù fū zuò	목동자리
89	巨爵座	jù jué zuò	컵자리
90	天文望远镜	tiān wén wàng yuǎn jìng	천문망원경
91	流星	liú xīng	유성
92	彗星	huì xīng	혜성
93	彗星尘	huì xīng chén	혜성 먼지
94	彗星尾巴	huì xīng wěi bā	혜성의 꼬리
95	哈勃	hā bó	허블
96	哈勃太空望远镜	hā bó tài kōng wàng yuǎn jìng	허블 우주 망원경
97	哈勃定律	hā bó dìng lǜ	허블의 법칙
98	哈勃超深空	hā bó chāo shēn kōng	허블 울트라 딥 필드
99	流星雨	liú xīng yǔ	유성우
100	视星等	shì xīng děng	시등급

40 지리

순서	중국어	중국어 병음	한국어
1	地理	dì lǐ	지리
2	沼泽	zhǎo zé	늪
3	田	tián	밭
4	水坝	shuǐ bà	댐
5	池塘	chí táng	연못
6	江	jiāng	강
7	河川	hé chuān	하천
8	湖	hú	호수
9	三角洲	sān jiǎo zhōu	삼각주
10	小溪	xiǎo xī	시내
11	溪谷	xī gǔ	계곡
12	瀑布	pù bù	폭포
13	岛屿	dǎo yǔ	섬
14	平原	píng yuán	평원
15	盆地	pén dì	분지
16	丘陵	qiū líng	구릉
17	山	shān	산
18	雪山	xuě shān	설산
19	山地	shān dì	산지
20	山脉	shān mài	산맥
21	山谷	shān gǔ	산골짜기
22	峡谷	xiá gǔ	협곡
23	沙漠	shā mò	사막
24	岩洞	yán dòng	암굴
25	悬崖	xuán yá	절벽
26	高原	gāo yuán	고원
27	草原	cǎo yuán	초원
28	树林	shù lín	숲
29	山林	shān lín	삼림
30	雨林	yǔ lín	우림

31	海洋	hǎi yáng	해양
32	海湾	hǎi wān	해만
33	海流	hǎi liú	해류
34	海峡	hǎi xiá	해협
35	海沟	hǎi gōu	해구
36	港口	gǎng kǒu	항구
37	大海	dà hǎi	바다
38	海滩	hǎi tān	바닷가
39	海岸	hǎi'àn	해안
40	海底	hǎi dǐ	해저
41	半岛	bàn dǎo	반도
42	列岛	liè dǎo	열도
43	首都	shǒu dū	수도
44	首都圈	shǒu dū quān	수도권
45	市中心	shì zhōng xīn	도심
46	远郊	yuǎn jiāo	원교
47	近郊	jìn jiāo	근교
48	地方	dì fāng	지방
49	城市	chéng shì	도시
50	大城市	dà chéng shì	대도시
51	村庄	cūn zhuāng	마을
52	农村	nóng cūn	농촌
53	渔村	yú cūn	어촌
54	乡下	xiāng xià	시골
55	城内	chéng nèi	시내
56	城外	chéng wài	시외
57	特别市	tè bié shì	특별시
58	广域市	guǎng yù shì	광역시
59	道	dào	도
60	市	shì	시
61	区	qū	구
62	郡	jùn	군
63	面	miàn	면
64	里	lǐ	리
65	赤道	chì dào	적도

66	北极	běi jí	북극
67	南极	nán jí	남극
68	冰川	bīng chuān	빙하
69	火山	huǒ shān	화산
70	大西洋	dà xī yáng	대서양
71	太平洋	tài píng yáng	태평양
72	印度洋	yìn dù yáng	인도양
73	北冰洋	běi bīng yáng	북빙양
74	亚洲	yà zhōu	아시아
75	欧洲	ōu zhōu	유럽
76	美洲	měi zhōu	아메리카
77	非洲	fēi zhōu	아프리카
78	大洋洲	dà yáng zhōu	오세아니아
79	白头山	bái tóu shān	백두산
80	雪岳山	xuě yuè shān	설악산
81	金刚山	jīn gāng shān	금강산
82	汉拿山	hàn ná shān	한라산
83	珠穆朗玛峰	zhū mù lǎng mǎ fēng	에베레스트 산
84	泰山	tài shān	태산
85	黄山	huáng shān	황산
86	峨眉山	é méi shān	어메이산
87	富士山	fù shì shān	후지산
88	喜马拉雅山	xǐ mǎ lā yǎ shān	히말라야 산
89	阿尔卑斯山	ā ěr bēi sī shān	알프스 산
90	撒哈拉沙漠	shā hā lā shā mò	사하라사막
91	汉江	hàn jiāng	한강
92	长江	cháng jiāng	장강
93	黄河	huáng hé	황허
94	亚马逊河	yà mǎ xùn hé	아마존 강
95	加勒比海	jiā lè bǐ hǎi	카리브 해
96	死海	sǐ hǎi	사해
97	爱琴海	ài qín hǎi	에게 해
98	地中海	dì zhōng hǎi	지중해
99	青藏高原	qīng zàng gāo yuán	칭짱고원
100	黄土高原	huáng tǔ gāo yuán	황토고원

 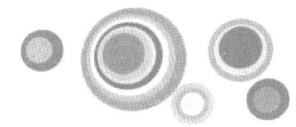

41 화학

순서	중국어	중국어 병음	한국어
1	化学	huà xué	화학
2	钙	gài	칼슘
3	碳	tàn	탄소
4	铁	tiě	철
5	锌	xīn	아연
6	锡	xī	주석
7	钠	nà	나트륨
8	铝	lǚ	알루미늄
9	铜	tóng	구리
10	银	yín	은
11	金	jīn	금
12	氢	qīng	수소
13	氧	yǎng	산소
14	硅	guī	규소
15	铀	yóu	우라늄
16	氦	hài	헬륨
17	铍	pí	베릴륨
18	锂	lǐ	리튬
19	硼	péng	붕소
20	氮	dàn	질소
21	氟	fú	불소
22	氖	nǎi	네온
23	镁	měi	마그네슘
24	磷	lín	인소
25	硫	liú	유황
26	钾	jiǎ	칼륨
27	氢氧化钾	qīng yǎng huà jiǎ	가성 칼리
28	氢氧化钠	qīng yǎng huà nà	사성 소다
29	电能	diàn néng	전기에너지
30	碱金属	jiǎn jīn shǔ	알칼리 금속
31	双氧水	shuāng yǎng shuǐ	과산화수소

32	过磷酸石灰	guò lín suān shí huī	과인산석회
33	胶体	jiāo tǐ	교질
34	胶体化学	jiāo tǐ huà xué	교질화학
35	硅酸	guī suān	규산
36	硅酸盐	guī suān yán	규산염
37	钴	gǔ	코발트
38	起泡剂	qǐ pào jì	기포제
39	同位素	tóng wèi sù	동위원소
40	镭	léi	라듐
41	锰	měng	망간
42	吗啡	mǎ fēi	므르핀
43	明矾	míng fán	명반
44	燃点	rán diǎn	발화점
45	铂	bó	백금
46	丁烷	dīng wán	부탄
47	分子	fēn zǐ	분자
48	分子量	fēn zǐ liàng	분자량
49	分子式	fēn zǐ shì	분자식
50	分解	fēn jiě	분해
51	硼砂	péng shā	붕사
52	硼酸	péng suān	붕산
53	砷	shēn	비소
54	冰醋酸	bīng cù suān	빙초산
55	盐	yán	스금
56	氧化	yǎng huà	산화
57	试剂	shì jì	시약
58	亚硫酸	yà liú suān	아류산
59	氨基酸	ān jī suān	아미노산
60	氧化锌	yǎng huà xīn	아연화
61	乙醇	yǐ chún	알데히드
62	氨	ān	암모니아
63	乙醚	yǐ mí	에테르
64	电极	diàn jí	전극
65	石墨	shí mò	흑연
66	元素	yuán sù	원소

67	王水	wáng shuǐ	왕수
68	臭氧	chòu yǎng	오존
69	滤纸	lǜ zhǐ	여과지
70	沥青	lì qīng	역청
71	溶液	róng yè	용액
72	溶质	róng zhì	용질
73	原子	yuán zǐ	원자
74	原子能	yuán zǐ néng	원자력
75	硫磷氨	liú lín ān	유린안
76	硫酸	liú suān	유산
77	硫酸铜	liú suān tóng	유산동
78	硫酸铵	liú suān ǎn	유산암모니아
79	硫酸钠	liú suān nà	유화소다
80	硫化铁	liú huà tiě	유화철
81	磷酸	lín suān	인산
82	一氧化碳	yī yǎng huà tàn	일산화탄소
83	重结晶	zhòng jié jīng	재결정
84	硝酸	xiāo suān	질산
85	镍	niè	니켈
86	铁焦炭	tiě jiāo tàn	철콕스
87	亚硝酸	yà xiāo suān	아질산
88	硝石	xiāo shí	초석
89	中和	zhōng hé	중화
90	催化剂	cuī huà jì	촉매
91	碳素纸	tàn sù zhǐ	카본
92	元素周期表	yuán sù zhōu qī biǎo	원소 주기율표
93	元素符号	yuán sù fú hào	원소기호
94	锂离子电池	lǐ lí zǐ diàn chí	리튬이온 전지
95	正极材料	zhèng jí cái liào	양극재
96	负极材料	fù jí cái liào	음극재
97	电解液	diàn jiě yè	전해액
98	性能	xìng néng	성능
99	密度	mì dù	밀도
100	电压	diàn yā	전압

42 음악

순서	중국어	중국어 병음	한국어
1	音乐	yīn yuè	음악
2	乐队	yuè duì	밴드
3	歌手	gē shǒu	가수
4	明星	míng xīng	스타
5	粉丝	fěn sī	팬
6	作词	zuò cí	작사
7	作曲	zuò qǔ	작곡
8	编曲	biān qǔ	편곡
9	老歌	lǎo gē	옛곡
10	新歌	xīn gē	신곡
11	歌曲	gē qǔ	노래
12	音感	yīn gǎn	음감
13	音符	yīn fú	음표
14	音调	yīn diào	음조
15	音阶	yīn jiē	음계
16	音高	yīn gāo	음높이
17	调音	tiáo yīn	조율
18	和声	hé shēng	하모니
19	和弦	hé xián	코드
20	旋律	xuán lǜ	멜로디
21	节奏	jié zòu	리듬
22	节拍	jié pāi	비트
23	拍子	pāi zi	박자
24	乐谱	yuè pǔ	악보
25	简谱	jiǎn pǔ	약보
26	卡带	kǎ dài	카세트
27	唱片	chàng piàn	음반
28	专辑	zhuān jí	앨범
29	独唱	dú chàng	솔로
30	清唱	qīng chàng	청창

31	合唱	hé chàng	합창
32	民谣	mín yáo	포크송
33	情歌	qíng gē	발라드
34	舞曲	wǔ qǔ	댄스 음악
35	说唱	shuō chàng	랩
36	声乐	shēng yuè	성악
37	管弦乐	guǎn xián yuè	오케스트라
38	音乐家	yīn yuè jiā	음악가
39	指挥家	zhǐ huī jiā	지휘자
40	演奏家	yǎn zòu jiā	연주자
41	演唱会	yǎn chàng huì	콘서트
42	音乐剧	yīn yuè jù	뮤지컬
43	合唱团	hé chàng tuán	합창단
44	轻音乐	qīng yīn yuè	경음악
45	爵士乐	jué shì yuè	재즈
46	五线谱	wǔ xiàn pǔ	오선보
47	唱片行	chàng piàn háng	레코드 가게
48	韩文歌	hán wén gē	한국 노래
49	中文歌	zhōng wén gē	중국 노래
50	英文歌	yīng wén gē	영어 노래
51	日文歌	rì wén gē	일본 노래
52	伽揶琴	jiā yē qín	가야금
53	玄鹤琴	xuán hè qín	거문고
54	原创歌曲	yuán chuàng gē qǔ	창작(가)곡
55	流行音乐	liú xíng yīn yuè	팝뮤직
56	摇滚音乐	yáo gǔn yīn yuè	록
57	韩国 Tro t	hán guó Tro t	트로트
58	大众歌曲	dà zhòng gē qǔ	대중가요
59	古典音乐	gǔ diǎn yīn yuè	클래식
60	改编歌曲	gǎi biān gē qǔ	개편곡
61	芭蕾舞剧	bā lěi wǔ jù	발레
62	雷鬼音乐	léi guǐ yīn yuè	레게
63	迪斯科音乐	dí sī kē yīn yuè	디스코 음악
64	美声	měi shēng	벨칸토
65	抒情	shū qíng	알엔비

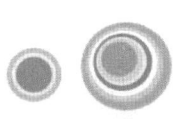

66	鼓	gǔ	북
67	锣	luó	징
68	长鼓	cháng gǔ	장구
69	笛子	dí zi	피리
70	唢呐	suǒ nà	태평소
71	钢琴	gāng qín	피아노
72	风琴	fēng qín	오르간
73	二胡	èr hú	이호
74	琵琶	pí pá	비파
75	古筝	gǔ zhēng	쟁
76	竖琴	shù qín	하프
77	长号	cháng hào	트롬본
78	圆号	yuán hào	프렌치 호른
79	长笛	cháng dí	플루트
80	小号	xiǎo hào	트럼펫
81	铃鼓	líng gǔ	탬버린
82	吉他	jí tā	기타
83	小提琴	xiǎo tí qín	바이올린
84	大提琴	dà tí qín	첼로
85	单簧管	dān huáng guǎn	크라리넷
86	双簧管	shuāng huáng guǎn	오보에
87	萨克斯	sà kè sī	색소폰
88	架子鼓	jià zi gǔ	드럼
89	葫芦丝	hú lu sī	호루스
90	电吉他	diàn jí tā	일렉 기타
91	手风琴	shǒu fēng qín	아코디언
92	尤克里里	yóu kè lǐ lǐ	우쿨렐레
93	口风琴	kǒu fēng qín	멜로디언
94	三角铁	sān jiǎo tiě	그랜드 피아노
95	男低音	nán dī yīn	베이스
96	男高音	nán gāo yīn	테너
97	男中音	nán zhōng yīn	바리톤
98	女低音	nǚ dī yīn	알토
99	女中音	nǚ zhōng yīn	메조소프라노
100	女高音	nǚ gāo yīn	소프라노

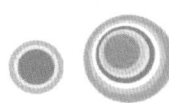
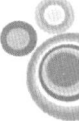

43 농업

순서	중국어	중국어 병음	한국어
1	农业	nóng yè	농업
2	农产品	nóng chǎn pǐn	농산물
3	农民	nóng mín	농민
4	农药	nóng yào	농약
5	肥料	féi liào	비료
6	有机肥料	yǒu jī féi liào	유기 비료
7	土壤	tǔ rǎng	토양
8	种子	zhǒng zǐ	씨
9	谷物	gǔ wù	곡물
10	果园	guǒ yuán	과수원
11	水田	shuǐ tián	논
12	农田	nóng tián	농경지
13	梯田农业	tī tián nóng yè	계단식 농업
14	高产农业	gāo chǎn nóng yè	고수확 농업
15	机械化农业	jī xiè huà nóng yè	기계화 농업
16	粗放式农业	cū fàng shì nóng yè	조방 농업
17	集约式农业	jí yuē shì nóng yè	집약 농업
18	刀耕火种	dāo gēng huǒ zhòng	화전 농업
19	花卉农业	huā huì nóng yè	화훼 농업
20	园艺农业	yuán yì nóng yè	원예 농업
21	耕耘机	gēng yún jī	경운기
22	枯叶剂	kū yè jì	고엽제
23	灌溉	guàn gài	관개
24	筐	kuāng	광주리
25	耙子	pá zi	갈퀴
26	镐	gǎo	괭이
27	茬子	chá zi	그루터기
28	秧苗	yāng miáo	모
29	苗床	miáo chuáng	모판
30	树秧	shù yāng	묘목

31	杀虫剂	shā chóng jì	살충제
32	土簸箕	tǔ bò ji	삼태기
33	插秧机	chā yāng jī	이앙기
34	水库	shuǐ kù	저수지
35	打谷机	dǎ gǔ jī	탈곡기
36	旱作物	hàn zuò wù	밭작물
37	荞麦	qiáo mài	메밀
38	小麦	xiǎo mài	밀
39	高粱	gāo liang	수수
40	旱稻	hàn dào	밭벼
41	水稻	shuǐ dào	논벼
42	大麦	dà mài	보리
43	玉米	yù mǐ	옥수수
44	米	mǐ	쌀
45	米糠	mǐ kāng	쌀겨
46	小米	xiǎo mǐ	조
47	糙米	cāo mǐ	현미
48	江米	jiāng mǐ	찹쌀
49	红薯	hóng shǔ	고구마
50	养蚕	yǎng cán	양잠
51	养蜂	yǎng fēng	양봉
52	耕地	gēng dì	경작지
53	耙	pá	써레
54	光合作用	guāng hé zuò yòng	광합성 작용
55	割稻	gē dào	벼베기
56	除草	chú cǎo	김매기
57	插枝	chā zhī	꺾꽂이
58	复种	fù zhòng	다모작
59	草袋	cǎo dài	가마니
60	草席	cǎo xí	멍석
61	插秧	chā yāng	모내기
62	塑料大棚	sù liào dà péng	비닐 하우스
63	牛棚	niú péng	외양간
64	佃户	diàn hù	소작농
65	小锄头	xiǎo chú tóu	호미

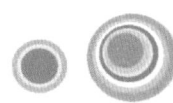
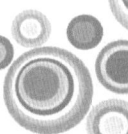

66	扁担	biǎn dan	멜대
67	稻草	dào cǎo	볏짚
68	稻作	dào zuò	벼농사
69	稻草人	dào cǎo rén	허수아비
70	铲子	chǎn zi	부삽
71	单产	dān chǎn	단위당 수확고
72	转基因食品	zhuǎn jī yīn shí pǐn	유전자 변형 식품
73	绿色食品	lǜ sè shí pǐn	녹색 식품
74	有机食品	yǒu jī shí pǐn	유기농 식품
75	犁	lí	쟁기
76	碾米	niǎn mǐ	정미
77	经济作物	jīng jì zuò wù	특용 작물
78	堆肥	duī féi	퇴비
79	种植面积	zhòng zhí miàn jī	재배 면적
80	播种期	bō zhòng qī	파종기
81	收获期	shōu huò qī	수확기
82	休耕期	xiū gēng qī	휴경기
83	休耕地	xiū gēng dì	휴경지
84	丰收	fēng shōu	풍작
85	欠收	qiàn shōu	흉작
86	水耕栽培	shuǐ gēng zāi péi	수경 재배
87	水利工程	shuǐ lì gōng chéng	수리화 사업
88	有机耕作法	yǒu jī gēng zuò fǎ	유기 농법
89	离农现象	lí nóng xiàn xiàng	이농 현상
90	自营农户	zì yíng nóng hù	자영농
91	农业工程	nóng yè gōng chéng	농공학
92	农业大国	nóng yè dà guó	농업국
93	农忙时节	nóng máng shí jié	농번기
94	返乡务农	fǎn xiāng wù nóng	귀농
95	一年双收	yī nián shuāng shōu	이모작
96	一年三收	yī nián sān shōu	삼모작
97	粮食自给	liáng shí zì jǐ	식량자급
98	小农	xiǎo nóng	영세농
99	农业人口	nóng yè rén kǒu	영농 인구
100	粮谷管理制度	liáng gǔ guǎn lǐ zhì dù	양곡 관리 제도

44 자연 재해

순서	중국어	중국어 병음	한국어
1	自然灾害	zì rán zāi hài	자연재해
2	气象灾害	qì xiàng zāi hài	기상재해
3	地质灾害	dì zhì zāi hài	지질재해
4	风害	fēng hài	풍해
5	水害	shuǐ hài	수해
6	雪害	xuě hài	설해
7	霜害	shuāng hài	상해
8	雷害	léi hài	뇌해
9	寒害	hán hài	한해
10	冷害	lěng hài	냉해
11	病虫害	bìng chóng hài	병충해
12	雨夹雪	yǔ jiā xuě	진눈깨비
13	暴雪	bào xuě	폭설
14	暴风雪	bào fēng xuě	눈보라
15	雪崩	xuě bēng	눈사태
16	沙尘暴	shā chén bào	황사
17	洪水	hóng shuǐ	홍수
18	泥石流	ní shí liú	토석류
19	山体滑坡	shān tǐ huá pō	산사태
20	地震	dì zhèn	지진
21	余震	yú zhèn	여진
22	轻微地震	qīng wēi dì zhèn	미진
23	强震	qiáng zhèn	강진
24	震源	zhèn yuán	진원
25	震级	zhèn jí	매그니튜드
26	地震带	dì zhèn dài	지진대
27	地震仪	dì zhèn yí	지진계
28	冰雹	bīng báo	우박
29	暴雨	bào yǔ	폭우
30	潮汐	cháo xī	조석

31	赤潮	chì cháo	적조
32	海啸	hǎi xiào	해일
33	干旱	gān hàn	가뭄
34	火山爆发	huǒ shān bào fā	화산 폭발
35	火山活动	huǒ shān huó dòng	화산 활동
36	活火山	huó huǒ shān	활화산
37	死火山	sǐ huǒ shān	사화산
38	休眠火山	xiū mián huǒ shān	휴면 화산
39	火山灰	huǒ shān huī	화산재
40	火山带	huǒ shān dài	화산대
41	板块运动	bǎn kuài yùn dòng	지각 운동
42	岩浆	yán jiāng	마그마
43	熔岩	róng yán	용암
44	熔岩流	róng yán liú	용암류
45	火灾	huǒ zāi	화재
46	森林火灾	sēn lín huǒ zāi	산불
47	台风	tái fēng	태풍
48	台风强度	tái fēng qiáng dù	태풍강도
49	台风眼	tái fēng yǎn	태풍의 눈
50	龙卷风	lóng juǎn fēng	토네이도
51	飓风	jù fēng	허리케인
52	旋风	xuàn fēng	회오리바람
53	强风	qiáng fēng	강풍
54	朔风	shuò fēng	삭풍
55	旋涡	xuán wō	소용돌이
56	高温	gāo wēn	고온
57	低温	dī wēn	저온
58	雷电	léi diàn	천둥번개
59	雾	wù	안개
60	雾霾	wù mái	미세먼지
61	蝗灾	huáng zāi	누리재해
62	鼠灾	shǔ zāi	쥐재해
63	荒漠化	huāng mò huà	사막화
64	水土流失	shuǐ tǔ liú shī	수토 유실
65	环境污染	huán jìng wū rǎn	환경 오염

66	土地盐碱化	tǔ dì yán jiǎn huà	토양 알칼리화
67	寒潮	hán cháo	한파
68	霜冻	shuāng dòng	서리 피해
69	酸雨	suān yǔ	산성비
70	海平面上升	hǎi píng miàn shàng shēng	해수면 상승
71	饥荒	jī huāng	기근
72	全球变暖	quán qiú biàn nuǎn	지구 온난화
73	温室效应	wēn shì xiào yìng	온실 효과
74	结冰	jié bīng	동결
75	大气污染	dà qì wū rǎn	대기 오염
76	水污染	shuǐ wū rǎn	수질 오염
77	土壤污染	tǔ rǎng wū rǎn	토양오염
78	厄尔尼诺	è ěr ní nuò	엘리뇨 현상
79	干热风	gān rè fēng	높새바람
80	热带低气压	rè dài dī qì yā	열대 저기압
81	气旋	qì xuán	사이클론
82	热带气旋	rè dài qì xuán	열대 사이클론
83	救助队	jiù zhù duì	구조대
84	伤者	shāng zhě	부상자
85	警报	jǐng bào	경보
86	预警	yù jǐng	주의보
87	避难所	bì nàn suǒ	피난소
88	生还者	shēng huán zhě	생존자
89	受灾地区	shòu zāi dì qū	재해지역
90	医护人员	yī hù rén yuán	의료원
91	传染病	chuán rǎn bìng	전염병
92	致命	zhì mìng	치명
93	降雪量	jiàng xuě liàng	강설량
94	积雪量	jī xuě liàng	적설량
95	降雨量	jiàng yǔ liàng	강수량
96	能见度	néng jiàn dù	가시거리
97	火势	huǒ shì	불길
98	火情	huǒ qíng	화재 상황
99	断层	duàn céng	단층
100	塌方	tā fāng	붕괴

 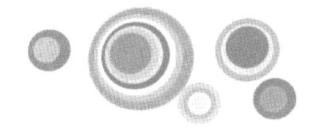

45 헬스장

순서	중국어	중국어 병음	한국어
1	健身房	jiàn shēn fáng	헬스장
2	健身俱乐部	jiàn shēn jù lè bù	헬스 클럽
3	健身器材	jiàn shēn qì cái	헬스기구
4	健身教练	jiàn shēn jiào liàn	헬스 코치
5	私教	sī jiào	개인 트레이너
6	私教课	sī jiào kè	개인 트레이너 수업
7	会员	huì yuán	회원
8	会员卡	huì yuán kǎ	회원 카드
9	会费	huì fèi	회비
10	年费	nián fèi	연회비
11	运动鞋	yùn dòng xié	운동화
12	运动服	yùn dòng fú	운동복
13	休息室	xiū xī shì	휴게실
14	储物柜	chǔ wù guì	사물함
15	体重秤	tǐ zhòng chèng	체중계
16	体脂机	tǐ zhī jī	체지방계
17	健身操	jiàn shēn cāo	건강 체조
18	蹬腿练习	dēng tuǐ liàn xí	레그 프레스
19	举哑铃	jǔ yǎ líng	바벨 컬
20	仰卧推举杠铃	yǎng wò tuī jǔ gàng líng	벤치 프레스
21	仰卧卷腹	yǎng wò juǎn fù	크런치
22	引体向上	yǐn tǐ xiàng shàng	풀업
23	深蹲	shēn dūn	디프 스쿼트
24	半蹲	bàn dūn	하프 스쿼트
25	全蹲	quán dūn	풀 스쿼트
26	箭步蹲	jiàn bù dūn	런지
27	拉伸	lā shēn	스트레칭
28	热身运动	rè shēn yùn dòng	준비 운동
29	仰卧起坐	yǎng wò qǐ zuò	윗몸 일으키기
30	俯卧撑	fǔ wò chēng	푸시업

梦想中国语 词汇

31	波比跳	bō bǐ tiào	엎드려 점프
32	普拉提	pǔ lā tí	필라테스
33	空中瑜伽	kōng zhōng yú jiā	플라잉 요가
34	瑜伽	yú jiā	요가
35	驴踢	lǘ tī	덩키 킥
36	侧桥	cè qiáo	사이드 힙 킥
37	提踵	tí zhǒng	카프 레이즈
38	伏地挺身	fú dì tǐng shēn	푸시 업
39	开合跳	kāi hé tiào	팔벌려뛰기
40	硬拉	yìng lā	데드 리프트
41	单腿蹲	dān tuǐ dūn	피스톨 스쿼트
42	平板支撑	píng bǎn zhī chēng	플랭크
43	背部下拉	bèi bù xià lā	랫 풀다운
44	杠铃肩推	gàng líng jiān tuī	숄더 프레스
45	坐姿划船	zuò zī huá chuán	시티드 로우
46	有氧运动	yǒu yǎng yùn dòng	유산소 운동
47	有氧舞蹈	yǒu yǎng wǔ dǎo	에어로빅
48	力量运动	lì liàng yùn dòng	웨이트 트레이닝
49	跑步机	pǎo bù jī	러닝머신
50	健身单车	jiàn shēn dān chē	헬스 사이클
51	踏步机	tà bù jī	스텝 머신
52	坐姿划船机	zuò zī huá chuán jī	시티드 로우 머신
53	旋转训练机	xuán zhuǎn xùn liàn jī	로타리 토르소
54	罗马凳	luó mǎ dèng	로망 체어
55	坐姿推胸机	zuò zī tuī xiōng jī	체스트 프레스 머신
56	哑铃架	yǎ líng jià	덤벨랙
57	腹背训练凳	fù bèi xùn liàn dèng	하이퍼 익스텐션
58	腿部推蹬机	tuǐ bù tuī dēng jī	레그 프레스 머신
59	大飞鸟机	dà fēi niǎo jī	케이블 크로스 오버
60	蝴蝶机	hú dié jī	펙덱플라이 머신
61	下拉机	xià lā jī	랫 풀 다운 머신
62	椭圆机	tuǒ yuán jī	일립티컬
63	杠铃架	gàng líng jià	바벨 거치대
64	药球	yào qiú	메디신 볼
65	战绳	zhàn shéng	배틀 로프

66	护腕	hù wàn	손목 보호대
67	负重腰带	fù zhòng yāo dài	딥 벨트
68	双杠练习器	shuāng gàng liàn xí qì	딥스 바
69	哑铃	yǎ líng	아령/덤벨
70	杠铃	gàng líng	바벨
71	壶铃	hú líng	케틀벨
72	仰卧板	yǎng wò bǎn	싯업 벤치
73	俯卧撑栏	fǔ wò chēng lán	푸시업 바
74	拉力绳	lā lì shéng	스트레칭 로프
75	瑜伽垫	yú jiā diàn	요가매트
76	跳绳	tiào shéng	줄넘기
77	呼啦圈	hū lā quān	훌라후프
78	沙袋	shā dài	샌드백
79	健身球	jiàn shēn qiú	스위스 볼
80	半圆平衡球	bàn yuán píng héng qiú	보수볼
81	减肥	jiǎn féi	다이어트
82	增肌	zēng jī	벌크 업
83	体检	tǐ jiǎn	신체검사
84	身材	shēn cái	몸매
85	塑身	sù shēn	체형 보정
86	曲线	qǔ xiàn	바디 라인
87	减脂	jiǎn zhī	감지
88	低脂饮食	dī zhī yǐn shí	저지방 식이
89	功能饮料	gōng néng yǐn liào	기능성 음료
90	卡路里	kǎ lù lǐ	칼로리
91	体脂肪	tǐ zhī fáng	체지방
92	体脂率	tǐ zhī lǜ	체지방률
93	柔韧性	róu rèn xìng	유연성
94	肌肉	jī ròu	금육
95	二头肌	èr tóu jī	이두박근
96	三头肌	sān tóu jī	삼두박근
97	斜方肌	xié fāng jī	승모근
98	腹肌	fù jī	복근
99	马甲线	mǎ jiǎ xiàn	초콜릿 복근
100	人鱼线	rén yú xiàn	인어선

 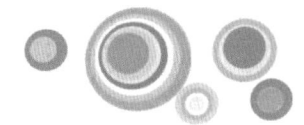

46 낙관

순서	중국어	중국어 병음	한국어
1	乐观	lè guān	낙관적이다
2	积极	jī jí	적극적이다
3	主动	zhǔ dòng	능동적이다
4	热情	rè qíng	열정적이다
5	客观	kè guān	객관적이다
6	独立	dú lì	독립적이다
7	创新	chuàng xīn	혁신적이다
8	传奇	chuán qí	전설적이다
9	先进	xiān jìn	선진적이다
10	开放	kāi fàng	개방적이다
11	活跃	huó yuè	활동적이다
12	务实	wù shí	현실적이다
13	高效	gāo xiào	능율적이다
14	友好	yǒu hǎo	우호적이다
15	愉快	yú kuài	유쾌하다
16	成功	chéng gōng	성공하다
17	创造	chuàng zào	창조하다
18	超越	chāo yuè	초월하다
19	挑战	tiǎo zhàn	도전하다
20	扎实	zhā shí	견실하다
21	渊博	yuān bó	해박하다
22	繁荣	fán róng	번영하다
23	努力	nǔ lì	노력하다
24	发达	fā dá	발달하다
25	新鲜	xīn xiān	신선하다
26	精辟	jīng pì	예리하다
27	细心	xì xīn	꼼꼼하다
28	坚持	jiān chí	견지하다
29	朴实	pǔ shí	단순하다
30	坚强	jiān qiáng	꿋꿋하다

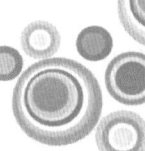

31	高尚	gāo shàng	고귀하다
32	富有	fù yǒu	부유하다
33	健康	jiàn kāng	건강하다
34	长寿	cháng shòu	장수하다
35	善良	shàn liáng	선량하다
36	真诚	zhēn chéng	솔직하다
37	不凡	bù fán	비범하다
38	大气	dà qì	당당하다
39	自信	zì xìn	자신있다
40	友善	yǒu shàn	다정하다
41	认真	rèn zhēn	진지하다
42	谦虚	qiān xū	겸손하다
43	平静	píng jìng	고요하다
44	勇敢	yǒng gǎn	용감하다
45	团结	tuán jié	단결하다
46	活泼	huó po	씩씩하다
47	豪迈	háo mài	호탕하다
48	出色	chū sè	훌륭하다
49	灿烂	càn làn	찬란하다
50	感恩	gǎn ēn	감사하다
51	神秘	shén mì	신비하다
52	合作	hé zuò	협력하다
53	大度	dà dù	대범하다
54	温暖	wēn nuǎn	따뜻하다
55	重视	zhòng shì	중시하다
56	贴心	tiē xīn	친근하다
57	忠诚	zhōng chéng	충실하다
58	沟通	gōu tōng	교류하다
59	感动	gǎn dòng	감동하다
60	支持	zhī chí	지지하다
61	执着	zhí zhuó	집착하다
62	表扬	biǎo yáng	칭찬하다
63	鼓励	gǔ lì	격려하다
64	欣赏	xīn shǎng	감상하다
65	友善	yǒu shàn	다정하다

66	高贵	gāo guì	고귀하다
67	尊重	zūn zhòng	존중하다
68	幽默	yōu mò	우머하다
69	大方	dà fāng	대범하다
70	迅速	xùn sù	신속하다
71	敏捷	mǐn jié	민첩하다
72	理解	lǐ jiě	이해하다
73	体谅	tǐ liàng	양해하다
74	倾听	qīng tīng	경청하다
75	怜悯	lián mǐn	동정하다
76	无私	wú sī	무사하다
77	奉献	fèng xiàn	봉사하다
78	进步	jìn bù	전진하다
79	认可	rèn kě	인정하다
80	成长	chéng zhǎng	성장하다
81	和谐	hé xié	화목하다
82	信任	xìn rèn	신임하다
83	公平	gōng píng	공평하다
84	安全	ān quán	안전하다
85	幸福	xìng fú	행복하다
86	正直	zhèng zhí	정직하다
87	获胜	huò shèng	승리하다
88	宽宏	kuān hóng	관대하다
89	强大	qiáng dà	강대하다
90	公正	gōng zhèng	공정하다
91	吉祥	jí xiáng	상서롭다
92	美丽	měi lì	아름답다
93	自由	zì yóu	자유롭다
94	美好	měi hǎo	아름답다
95	富足	fù zú	풍요롭다
96	和平	hé píng	평화롭다
97	不朽	bù xiǔ	불후하다
98	美满	měi mǎn	원만하다
99	伟大	wěi dà	위대하다
100	永远	yǒng yuǎn	영원하다

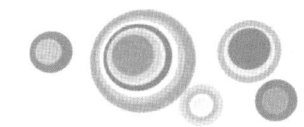

47 비관

순서	중국어	중국어 병음	한국어
1	悲观	bēi guān	비관적이다
2	消极	xiāo jí	소극적이다
3	被动	bèi dòng	피동적이다
4	冷淡	lěng dàn	냉담하다
5	主观	zhǔ guān	주관적이다
6	依赖	yī lài	의존적이다
7	保守	bǎo shǒu	보수적이다
8	平庸	píng yōng	용속하다
9	后进	hòu jìn	후진적인다
10	迂腐	yū fǔ	진부하다
11	沉闷	chén mèn	무겁다
12	空想	kōng xiǎng	공상적이다
13	低效	dī xiào	비능률적이다
14	野蛮	yě mán	야만적이다
15	尴尬	gān gà	어색하다
16	失败	shī bài	실패하다
17	抄袭	chāo xí	답습하다
18	停滞	tíng zhì	침체하다
19	不安	bù ān	불안하다
20	薄弱	bó ruò	박약하다
21	无知	wú zhī	무지하다
22	荒凉	huāng liáng	황량하다
23	懒惰	lǎn duò	게으르다
24	落后	luò hòu	낙후하다
25	腐烂	fǔ làn	상하다
26	啰嗦	luō suo	번거롭다
27	粗心	cū xīn	부주의하다
28	放弃	fàng qì	포기하다
29	虚荣	xū róng	희떱다
30	脆弱	cuì ruò	취약하다

31	低劣	dī liè	저열하다
32	贫穷	pín qióng	가난하다
33	虚弱	xū ruò	약하다
34	短命	duǎn mìng	단명하다
35	恶毒	è dú	독하다
36	虚假	xū jiǎ	허위적이다
37	平凡	píng fán	평범하다
38	龌龊	wò chuò	옹졸하다
39	自卑	zì bēi	비굴하다
40	刻薄	kè bó	각박하다
41	敷衍	fū yǎn	대충하다
42	高傲	gāo ào	거만하다
43	冲动	chōng dòng	충동하다
44	懦弱	nuò ruò	나약하다
45	分裂	fēn liè	분열하다
46	木讷	mù nè	무뚝뚝하다
47	忧郁	yōu yù	우울하다
48	普通	pǔ tōng	일반적이다
49	阴沉	yīn chén	침울하다
50	嫉妒	jí dù	질투하다
51	平常	píng cháng	흔하다
52	自满	zì mǎn	자만하다
53	小气	xiǎo qì	쩨쩨하다
54	冰冷	bīng lěng	싸늘하다
55	轻视	qīng shì	경시하다
56	伤心	shāng xīn	속상하다
57	背叛	bèi pàn	배신하다
58	沉默	chén mò	침묵하다
59	失望	shī wàng	실망하다
60	反对	fǎn duì	반대하다
61	善变	shàn biàn	변덕스럽다
62	批评	pī píng	비평하다
63	指责	zhǐ zé	비난하다
64	鄙视	bǐ shì	무시하다
65	邪恶	xié è	사악하다

66	低贱	dī jiàn	비천하다
67	无礼	wú lǐ	무례하다
68	无趣	wú qù	딱딱하다
69	狭隘	xiá ài	소심하다
70	缓慢	huǎn màn	완만하다
71	迟钝	chí dùn	둔하다
72	苦恼	kǔ nǎo	고민하다
73	委屈	wěi qu	억울하다
74	郁闷	yù mèn	답답하다
75	无情	wú qíng	무정하다
76	自私	zì sī	이기적이다
77	占有	zhàn yǒu	빼앗다
78	退步	tuì bù	퇴보하다
79	否认	fǒu rèn	부인하다
80	幼稚	yòu zhì	유치하다
81	奇怪	qí guài	이상하다
82	怀疑	huái yí	회의하다
83	偏颇	piān pō	편파하다
84	危险	wēi xiǎn	위험하다
85	不幸	bú xìng	불행하다
86	虚伪	xū wěi	위선적이다
87	失利	shī lì	패배하다
88	吝啬	lìn sè	인색하다
89	弱小	ruò xiǎo	약소하다
90	腐败	fǔ bài	부패하다
91	不吉	bù jí	불길하다
92	丑陋	chǒu lòu	밉다
93	拘谨	jū jǐn	서먹서먹하다
94	遗憾	yí hàn	아깝다
95	简陋	jiǎn lòu	초라하다
96	不安	bù ān	불안하다
97	虚无	xū wú	허무하다
98	空虚	kōng xū	공허하다
99	渺小	miǎo xiǎo	미미하다
100	短暂	duǎn zàn	덧없다

48 법률

순서	중국어	중국어 병음	한국어
1	法律	fǎ lǜ	법률
2	宪法	xiàn fǎ	헌법
3	民法典	mín fǎ diǎn	민법전
4	刑法	xíng fǎ	형법
5	未成年人保护法	wèi chéng nián rén bǎo hù fǎ	미성년자 보호법
6	劳动法	láo dòng fǎ	노동법
7	诉讼	sù sòng	소송
8	法庭	fǎ tíng	법정
9	原告	yuán gào	원고
10	被告	bèi gào	피고
11	犯罪嫌疑人	fàn zuì xián yí rén	범죄 용의자
12	案犯	àn fàn	범인
13	逮捕	dài bǔ	체포
14	英美法系	yīng měi fǎ xì	영미 법계
15	大陆法系	dà lù fǎ xì	대륙 법계
16	法院	fǎ yuàn	법원
17	仲裁	zhòng cái	중재
18	法律顾问	fǎ lǜ gù wèn	법률 고문
19	法律援助	fǎ lǜ yuán zhù	법률 구조
20	法律咨询	fǎ lǜ zī xún	법률 상담
21	协议	xié yì	협의
22	合同	hé tong	계약
23	当事人	dāng shì rén	당사자
24	勘验笔录	kàn yàn bǐ lù	감정기록
25	举证责任	jǔ zhèng zé rèn	거증 책임
26	劳动仲裁	láo dòng zhòng cái	노동 중재
27	律师费	lǜ shī fèi	변호사 수임료
28	律师函	lǜ shī hán	경고장
29	卷宗	juàn zōng	서류철
30	律师事务所	lǜ shī shì wù suǒ	로펌

31	判决	pàn jué	판결
32	审理	shěn lǐ	심리
33	一审	yī shěn	일심
34	上诉	shàng sù	항소
35	二审	èr shěn	이심
36	终审	zhōng shěn	최종 심사
37	维持原判	wéi chí yuán pàn	원판결을 유지하다
38	证人	zhèng rén	증인
39	证词	zhèng cí	증언
40	申诉	shēn sù	호소
41	被害人	bèi hài rén	피해자
42	传唤	chuán huàn	소환
43	检察院	jiǎn chá yuàn	검찰청
44	罚款	fá kuǎn	벌금
45	民事诉讼	mín shì sù sòng	민사 소송
46	纠纷	jiū fēn	분쟁
47	公诉	gōng sù	공소
48	合议庭	hé yì tíng	합의법정
49	陪审团	péi shěn tuán	배심원단
50	监狱	jiān yù	감옥
51	拘留所	jū liú suǒ	구치소
52	保外就医	bǎo wài jiù yī	보석 받아 치료하다
53	有期徒刑	yǒu qī tú xíng	유기 징역
54	无期徒刑	wú qī tú xíng	무기 징역
55	缓刑	huǎn xíng	집행 유예
56	死刑	sǐ xíng	사형
57	立案侦查	lì àn zhēn chá	입안하여 수사하다
58	公安局	gōng ān jú	경찰국
59	破案	pò àn	사건을 해결하다
60	诉状	sù zhuàng	고소장
61	无民事行为能力人	wú mín shì xíng wéi néng lì rén	금치산자
62	胜诉	shèng sù	승소
63	败诉	bài sù	패소
64	调解	tiáo jiě	조정
65	口供	kǒu gòng	진술

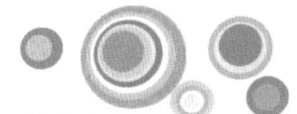

66	证据	zhèng jù	증거
67	受理	shòu lǐ	수리
68	传票	chuán piào	소환장
69	通缉	tōng jī	지명 수배
70	投案自首	tóu àn zì shǒu	자수하다
71	刑事诉讼	xíng shì sù sòng	형사 소송
72	行政诉讼	xíng zhèng sù sòng	행정 소송
73	故意杀人罪	gù yì shā rén zuì	고의살인죄
74	故意伤害罪	gù yì shāng hài zuì	고의상해죄
75	正当防卫	zhèng dàng fáng wèi	정당방위
76	防卫过当	fáng wèi guò dàng	과잉방위
77	强奸罪	qiáng jiān zuì	강간죄
78	重婚罪	chóng hūn zuì	중혼죄
79	抢劫罪	qiǎng jié zuì	강도죄
80	诈骗罪	zhà piàn zuì	사기죄
81	贪污罪	tān wū zuì	횡령죄
82	走私罪	zǒu sī zuì	밀수죄
83	过失致人死亡罪	guò shī zhì rén sǐ wáng zuì	과실 치사죄
84	盗窃罪	dào qiè zuì	절도죄
85	诽谤罪	fěi bàng zuì	명예 훼손죄
86	生命健康权	shēng mìng jiàn kāng quán	생명권
87	姓名权	xìng míng quán	성명권
88	人格权	rén gé quán	인격권
89	肖像权	xiào xiàng quán	초상권
90	自由权	zì yóu quán	자유권
91	名誉权	míng yù quán	명예권
92	隐私权	yǐn sī quán	프라이버시의 권리
93	受教育权	shòu jiào yù quán	교육기본권
94	探视权	tàn shì quán	면접 교섭권
95	配偶权	pèi ǒu quán	배우자권
96	荣誉权	róng yù quán	영예권
97	自然人	zì rán rén	자연인
98	公民	gōng mín	공민
99	权利	quán lì	권리
100	义务	yì wù	의무

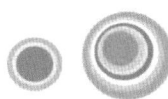

49 시간

순서	중국어	중국어 병음	한국어
1	凌晨	líng chén	새벽
2	早上	zǎo shàng	아침
3	上午	shàng wǔ	오점
4	中午	zhōng wǔ	점심
5	下午	xià wǔ	오후
6	黄昏	huáng hūn	황혼
7	傍晚	bàng wǎn	저녁 무렵
8	晚上	wǎn shàng	저녁
9	半夜	bàn yè	한밤중
10	深夜	shēn yè	심야
11	大前天	dà qián tiān	3일전
12	前天	qián tiān	그저께
13	昨天	zuó tiān	어제
14	今天	jīn tiān	오늘
15	明天	míng tiān	내일
16	后天	hòu tiān	모레
17	大后天	dà hòu tiān	3일후
18	那天	nà tiān	그날
19	年	nián	년
20	月	yuè	월
21	季度	jì dù	분기
22	日	rì	일
23	子时	zǐ shí	자시
24	分	fēn	분
25	时	shí	시
26	点	diǎn	시
27	秒	miǎo	초
28	刻	kè	15분
29	星期	xīng qī	요일
30	礼拜	lǐ bài	요일
31	星期一	xīng qī yī	월요일

32	礼拜一	lǐ bài yī	월요일
33	星期日	xīng qī rì	일요일
34	星期天	xīng qī tiān	일요일
35	礼拜天	lǐ bài tiān	일요일
36	礼拜日	lǐ bài rì	일요일
37	周	zhōu	주일
38	一周	yì zhōu	일주
39	两周	liǎng zhōu	2주
40	这周	zhè zhōu	이번 주
41	本周	běn zhōu	이번 주
42	上周	shàng zhōu	지난 주
43	下周	xià zhōu	다음 주
44	一天	yì tiān	하루
45	两天	liǎng tiān	이틀
46	第一天	dì yī tiān	첫날
47	第二天	dì èr tiān	둘째 날
48	这个月	zhè ge yuè	이번 달
49	本月	běn yuè	이번 달
50	上个月	shàng gè yuè	지난 달
51	下个月	xià gè yuè	다음 달
52	本季度	běn jì dù	이번 분기
53	一季度	yī jì dù	1분기
54	二季度	èr jì dù	2분기
55	三季度	sān jì dù	3분기
56	四季度	sì jì dù	4분기
57	上半年	shàng bàn nián	상반기
58	下半年	xià bàn nián	하반기
59	前三季度	qián sān jì dù	1-3분기
60	今年	jīn nián	올해
61	明年	míng nián	내년
62	去年	qù nián	작년
63	后年	hòu nián	내후년
64	前年	qián nián	재작년
65	年初	nián chū	연초
66	年底	nián dǐ	연말

67	四季	sì jì	사계절
68	春季	chūn jì	봄
69	夏季	xià jì	여름
70	秋季	qiū jì	가을
71	冬季	dōng jì	겨울
72	一月	yī yuè	일월
73	二月	èr yuè	이월
74	三月	sān yuè	삼월
75	时期	shí qī	시기
76	初期	chū qī	초기
77	早期	zǎo qī	초기, 조기
78	中期	zhōng qī	중기
79	末年	mò nián	말기
80	晚期	wǎn qī	말기, 만기
81	经常	jīng cháng	자주
82	一会儿	yí huì r	곧. 잠시. 잠깐 동안.
83	后来	hòu lái	이후, 그 후
84	立刻	lì kè	금방, 즉시
85	马上	mǎ shàng	금방
86	刚刚	gāng gāng	방금
87	刚才	gāng cái	방금
88	暂时	zhàn shí	잠깐, 잠시
89	瞬间	shùn jiān	순간
90	节日	jié rì	명절
91	按时	àn shí	제때에, 제시간에
92	准时	zhǔn shí	정시에
93	时代	shí dài	시대
94	世纪	shì jì	세기
95	公元	gōng yuán	서기
96	公元前	gōng yuán qián	기원전
97	过去	guò qù	과거
98	现在	xiàn zài	현재
99	将来	jiāng lái	장래
100	未来	wèi lái	미래

 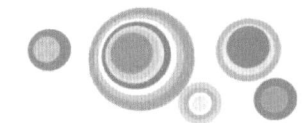

50 병원

순서	중국어	중국어 병음	한국어
1	医院	yī yuàn	병원
2	个人医院	gè rén yī yuàn	개인병원
3	综合医院	zōng hé yī yuàn	종합병원
4	红十字医院	hóng shí zì yī yuàn	적십자병원
5	肿瘤医院	zhǒng liú yī yuàn	종양병원
6	精神病医院	jīng shén bìng yī yuàn	정신병원
7	传染病医院	chuán rǎn bìng yī yuàn	전염병원
8	结核病医院	jié hé bìng yī yuàn	결핵병원
9	内科	nèi kē	내과
10	外科	wài kē	외과
11	皮肤科	pí fū kē	피부과
12	妇产科	fù chǎn kē	산부인과
13	儿科	ér kē	소아과
14	泌尿科	mì niào kē	비뇨기과
15	眼科	yǎn kē	안과
16	整容外科	zhěng róng wài kē	성형외과
17	耳鼻喉科	ěr bí hóu kē	이비인후과
18	神经科	shén jīng kē	신경과
19	血管外科	xuè guǎn wài kē	혈관외과
20	牙科	yá kē	치과
21	精神科	jīng shén kē	정신과
22	骨科	gǔ kē	정형외과
23	消化科	xiāo huà kē	소화과
24	放射科	fàng shè kē	방사선과
25	呼吸科	hū xī kē	호흡기내과
26	麻醉科	má zuì kē	마취과
27	胸外科	xiōng wài kē	흉부외과
28	肿瘤科	zhǒng liú kē	종양과
29	心脏内科	xīn zàng nèi kē	심장내과
30	心脏外科	xīn zàng wài kē	심장외과
31	内分泌科	nèi fēn mì kē	내분비과

32	挂号处	guà hào chù	접수처
33	药房	yào fáng	약국
34	门诊室	mén zhěn shì	진찰실
35	急诊室	jí zhěn shì	응급실
36	手术室	shǒu shù shì	수술실
37	重症监护室	zhòng zhèng jiān hù shì	중환자실
38	病房	bìng fáng	병실
39	病床	bìng chuáng	병실용 침대
40	医生	yī shēng	의사
41	护士	hù shì	간호사
42	病人	bìng rén	환자
43	护工	hù gōng	간병인
44	诊断书	zhěn duàn shū	진단서
45	药方	yào fāng	처방전
46	点滴	diǎn dī	링거
47	听诊器	tīng zhěn qì	청진기
48	体温计	tǐ wēn jì	체온계
49	注射器	zhù shè qì	주사기
50	绷带	bēng dài	붕대
51	纱布	shā bù	거즈
52	创可贴	chuàng kě tiē	반창고
53	药棉	yào mián	약솜
54	血压计	xuè yā jì	혈압계
55	口罩	kǒu zhào	마스크
56	消毒液	xiāo dú yè	소독액
57	防护服	fáng hù fú	방호복
58	酒精	jiǔ jīng	알콜
59	疫苗	yì miáo	백신
60	手术刀	shǒu shù dāo	메스
61	手术台	shǒu shù tái	수술대
62	手术显微镜	shǒu shù xiǎn wēi jìng	수술현미경
63	手术服	shǒu shù fú	수술복
64	手术手套	shǒu shù shǒu tào	수술 장갑
65	救护车	jiù hù chē	구급차
66	轮椅	lún yǐ	휠체어

67	拐杖	guǎi zhàng	지팡이
68	担架	dān jià	들것
69	呼吸机	hū xī jī	인공호흡기
70	氧气罐	yǎng qì guàn	산소통
71	胃炎	wèi yán	위염
72	鼻炎	bí yán	비염
73	阑尾炎	lán wěi yán	맹장염
74	肺炎	fèi yán	폐염
75	关节炎	guān jié yán	관절염
76	皮肤炎	pí fū yán	피부염
77	咽喉炎	yān hóu yán	인후염
78	感冒	gǎn mào	감기
79	发烧	fā shāo	열
80	咳嗽	ké sòu	기침
81	骨折	gǔ zhé	골절
82	烧伤	shāo shāng	화상
83	高血压	gāo xuè yā	고혈압
84	贫血	pín xuè	빈혈
85	失眠	shī mián	불면증
86	近视	jìn shì	근시
87	哮喘	xiào chuǎn	천식
88	风湿病	fēng shī bìng	류머티즘
89	抑郁症	yì yù zhèng	우울증
90	心脏病	xīn zàng bìng	심장병
91	头痛	tóu tòng	두통
92	牙疼	yá téng	치통
93	腹痛	fù tòng	복통
94	过敏	guò mǐn	알레르기
95	X光片	X guāng piàn	X레이 사진
96	B超	B chāo	B형 초음파
97	内窥镜	nèi kuī jìng	내시경
98	胃镜	wèi jìng	위 내시경
99	肠镜	cháng jìng	대장 내시경
100	心电图	xīn diàn tú	심전도

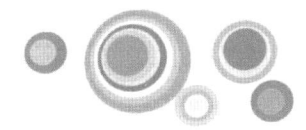

51 건강검진

순서	중국어	중국어 병음	한국어
1	体检	tǐ jiǎn	건강검진
2	基本检查	jī běn jiǎn chá	기초 검사
3	身体测量	shēn tǐ cè liáng	신체계측
4	身高	shēn gāo	신장, 키
5	体重	tǐ zhòng	체중, 몸무게
6	腰围	yāo wéi	허리둘레
7	体重指数	tǐ zhòng zhǐ shù	체질량지수
8	体脂肪率	tǐ zhī fáng lǜ	체지방율
9	血压测量	xuè yā cè liáng	혈압측정
10	眼科检查	yǎn kē jiǎn chá	안과 검사
11	视力	shì lì	시력
12	眼压	yǎn yā	안압
13	眼底成像	yǎn dǐ chéng xiàng	안저촬영
14	口腔检查	kǒu qiāng jiǎn chá	구강 검사
15	尿液检查	niào yè jiǎn chá	소변 검사
16	粪便检查	fèn biàn jiǎn chá	대변 검사
17	体脂分析检查	tǐ zhī fēn xī jiǎn chá	체지방분석검사
18	心电图检查	xīn diàn tú jiǎn chá	심전도검사
19	肺功能检查	fèi gōng néng jiǎn chá	폐기능검사
20	核磁共振	hé cí gòng zhèn	엠엠아르
21	胸部 X 光	xiōng bù X guāng	흉부 X-선
22	尿糖	niào táng	요당
23	尿蛋白	niào dàn bái	요단백
24	胆红素	dǎn hóng sù	빌리루빈
25	胃镜	wèi jìng	위내시경
26	肠镜	cháng jìng	대장내시경
27	上腹部超声	shàng fù bù chāo shēng	상복부 초음파
28	下腹部超声	xià fù bù chāo shēng	하복부 초음파
29	血检	xuè jiǎn	혈액검사
30	血型	xuè xíng	혈액형
31	贫血检查	pín xuè jiǎn chá	빈혈검사

32	肝功能检查	gān gōng néng jiǎn chá	간기능검사
33	肾脏检查	shèn zàng jiǎn chá	신장 검사
34	电解质检查	diàn jiě zhì jiǎn chá	전해질 검사
35	胰腺检查	yí xiàn jiǎn chá	췌장 검사
36	甲状腺功能检查	jiǎ zhuàng xiàn gōng néng jiǎn chá	갑상선기능검사
37	乙肝检查	yǐ gān jiǎn chá	간염 검사
38	妇产科检查	fù chǎn kē jiǎn chá	산부인과 검진
39	女性激素检查	nǚ xìng jī sù jiǎn chá	여성호르몬 검사
40	子宫卵巢超声	zǐ gōng luǎn cháo chāo shēng	자궁난소 초음파
41	宫颈癌检查	gōng jǐng ái jiǎn chá	자궁경부암 검사
42	骨密度检查	gǔ mì dù jiǎn chá	골밀도 검사
43	肝超音波检查	gān chāo yīn bō jiǎn chá	간 초음파 검사
44	心脏超音波检查	xīn zàng chāo yīn bō jiǎn chá	심장 초음파 검사
45	脑血流检查	nǎo xuè liú jiǎn chá	뇌 혈류 검사
46	前列腺超音波检查	qián liè xiàn chāo yīn bō jiǎn chá	전립선 초음파 검사
47	听力检查	tīng lì jiǎn chá	청력 검사
48	老年性痴呆检查	lǎo nián xìng chī dāi jiǎn chá	치매 검사
49	抑郁症检查	yì yù zhèng jiǎn chá	우울증 검사
50	体检报告	tǐ jiǎn bào gào	검사 보고서
51	病史	bìng shǐ	병사
52	既往史	jì wǎng shǐ	과거병력
53	血脂	xuè zhī	혈중 지방
54	采血	cǎi xuè	채혈
55	标本	biāo běn	표본
56	灌肠剂	guàn cháng jì	관장약
57	空腹	kōng fù	공복
58	胸部	xiōng bù	흉부
59	肺	fèi	폐
60	肺活量	fèi huó liàng	폐활량
61	心率	xīn lǜ	심박수
62	心界	xīn jiè	심궁
63	心音	xīn yīn	심음
64	心脏杂音	xīn zàng zá yīn	심잡음
65	肝脏	gān zàng	간장
66	脾脏	pí zàng	비장

67	肾脏	shèn zàng	신장
68	胆囊	dǎn náng	담낭
69	结石	jié shí	결석
70	息肉	xī ròu	폴립
71	神经系统	shén jīng xì tǒng	신경 계통
72	脉搏	mài bó	맥박
73	阑尾	lán wěi	충수
74	淋巴结	lín bā jié	림프선
75	眼角膜	yǎn jiǎo mó	각막
76	瞳孔	tóng kǒng	동공
77	眼睑	yǎn jiǎn	안검
78	青光眼	qīng guāng yǎn	녹내장
79	白内障	bái nèi zhàng	백내장
80	外耳	wài ěr	외이
81	外耳道	wài ěr dào	외이도
82	鼓膜	gǔ mó	고막
83	扁桃体	biǎn táo tǐ	편도선
84	鼻腔	bí qiāng	비강
85	鼻窦	bí dòu	코곁굴
86	关节	guān jié	관절
87	脂肪肝	zhī fáng gān	지방간
88	高血压	gāo xuè yā	고혈압
89	心绞痛	xīn jiǎo tòng	협심증
90	心悸	xīn jì	가슴 두근거림
91	血栓	xuè shuān	혈전
92	休克	xiū kè	쇼크
93	过敏	guò mǐn	알레르기
94	并发症	bìng fā zhèng	합볍증
95	脑膜瘤	nǎo mó liú	수막종
96	甲状腺激素	jiǎ zhuàng xiàn jī sù	갑상선 호르몬
97	泌尿系统	mì niào xì tǒng	비뇨기 계통
98	骨质疏松	gǔ zhì shū sōng	골다공증
99	肝硬化	gān yìng huà	간 경화증
100	动脉硬化	dòng mài yìng huà	동맥 경화증

52 치과

순서	중국어	중국어 병음	한국어
1	口镜	kǒu jìng	미러
2	镊子	niè zi	핀셋
3	探针	tàn zhēn	익스플로러
4	吸唾管	xī tuò guǎn	석션
5	气枪	qì qiāng	에어건
6	牙线	yá xiàn	치실
7	口罩	kǒu zhào	마스크
8	麻药	má yào	마취약
9	车针	chē zhēn	브르
10	抛光车针	pāo guāng chē zhēn	포리싱 브르
11	托盘	tuō pán	트래이
12	杯子	bēi zi	컵
13	比色板	bǐ sè bǎn	쉐이드가이드
14	牙周炎	yá zhōu yán	치주염
15	牙周探针	yá zhōu tàn zhēn	잇몸익스플로러
16	开创器	kāi chuàng qì	개창기
17	拔牙钳	bá yá qián	발치 펜치
18	拔牙挺	bá yá tǐng	발치 엘리베이터
19	咬骨钳	yǎo gǔ qián	랑쥐르
20	纱布	shā bù	거즈
21	小棉球	xiǎo mián qiú	코튼 볼
22	牙套	yá tào	교정기
23	托槽	tuō cáo	브라켓
24	带环	dài huán	벤드
25	隐适美	yǐn shì měi	인비절라인
26	垫底	diàn dǐ	베이스
27	咬合纸	yǎo hé zhǐ	교합지
28	脱敏剂	tuō mǐn jì	본드
29	麻醉注射器	má zuì zhù shè qì	마취주사기
30	酸蚀剂	suān shí jì	부식제
31	树脂填充器	shù zhī tián chōng qì	레진보철기

154

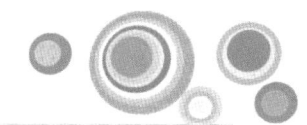

32	排龈线	pái yín xiàn	잇몸 코드
33	光滑髓针	guāng huá suǐ zhēn	스무드 브로치
34	拔髓针	bá suǐ zhēn	가시 브로치
35	根管测量仪	gēn guǎn cè liáng yí	절정 위치기
36	种植牙	zhòng zhí yá	임플란트
37	假牙	jiǎ yá	틀니
38	地包天	dì bāo tiān	주걱턱
39	龅牙	bāo yá	뻐드렁니
40	上牙	shàng yá	윗니
41	下牙	xià yá	아랫니
42	门牙	mén yá	앞니
43	虎牙	hǔ yá	송곳니
44	臼齿	jiù chǐ	어금니
45	智齿	zhì chǐ	사랑니
46	乳牙	rǔ yá	유치
47	恒牙	héng yá	영구치
48	蛀牙	zhù yá	충치
49	牙龈	yá yín	잇몸
50	牙根	yá gēn	치아 뿌리
51	牙结石	yá jié shí	치석
52	牙龈出血	yá yín chū xiě	잇몸 출혈
53	牙龈病	yá yín bìng	잇몸병
54	口腔溃疡	kǒu qiāng kuì yáng	구내염
55	种植体	zhòng zhí tǐ	픽스쳐
56	骨粉	gǔ fěn	뼈가루
57	骨膜	gǔ mó	골막
58	钻头	zuàn tóu	드릴
59	钻扩	zuān kuò	확장 드릴
60	种植手术	zhòng zhí shǒu shù	임플란트수술
61	二次手术	èr cì shǒu shù	임플란트 2차수술
62	种植取模	zhòng zhí qǔ mó	임플란트 인상
63	根管治疗	gēn guǎn zhì liáo	치아 신경치료
64	填充	tián chōng	충전
65	修复	xiū fù	보철
66	牙冠	yá guān	크라운

67	嵌体	qiàn tǐ	인레이
68	高嵌体	gāo qiàn tǐ	온레이
69	全瓷贴面	quán cí tiē miàn	라미네이트
70	全瓷冠	quán cí guān	올 세라믹 크라운
71	烤瓷冠	kǎo cí guān	자기관/ 도치관
72	洗牙	xǐ yá	스케일링
73	牙齿美白	yá chǐ měi bái	치아 미백
74	树脂嵌体	shù zhī qiàn tǐ	레진 인레이
75	取冠器	qǔ guān qì	크라운 리무버
76	硅橡胶	guī xiàng jiāo	실리콘 러버
77	澡酸盐	zǎo suān yán	알지네이트
78	石膏	shí gāo	석고
79	全景片	quán jǐng piàn	파노라마
80	侧位片	cè wèi piàn	세바로
81	正位片	zhèng wèi piàn	정명엑스레이
82	小牙片	xiǎo yá piàn	치근단엑스레이
83	漱口水	shù kǒu shuǐ	가그린
84	牙刷	yá shuā	칫솔
85	牙膏	yá gāo	치약
86	牙缝刷	yá fèng shuā	치간칫솔
87	生理盐水	shēng lǐ yán shuǐ	식염수
88	双氧水	shuāng yǎng shuǐ	과산화수소
89	模型	mó xíng	모형
90	咬合	yǎo hé	교합
91	聚醚	jù mí	폴리에테르
92	多用蜡	duō yòng là	다용 밀랍
93	弓丝	gōng sī	철사
94	金属托槽	jīn shǔ tuō cáo	금속 브라켓
95	O型环	O xíng huán	O형 링
96	橡皮圈	xiàng pí quān	동력 체인
97	弹簧	tán huáng	스프링
98	钢丝钳	gāng sī qián	와이어 커터
99	结扎钳	jié zā qián	묶기 플라이어
100	容器	róng qì	용기

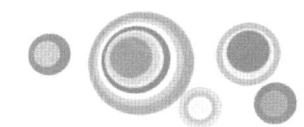

53 거리

순서	중국어	중국어 병음	한국어
1	街区	jiē qū	거리
2	市区	shì qū	시내
3	郊区	jiāo qū	시외
4	住宅区	zhù zhái qū	주택지역
5	服饰店	fú shì diàn	옷 가게
6	名牌店	míng pái diàn	유명 메이커점
7	精品店	jīng pǐn diàn	일품 가게
8	鞋店	xié diàn	구두점
9	珠宝店	zhū bǎo diàn	보석점
10	手表店	shǒu biǎo diàn	시계점
11	眼镜店	yǎn jìng diàn	안경집
12	文具店	wén jù diàn	문방구
13	书店	shū diàn	서점
14	中药店	zhōng yào diàn	한약방
15	药店	yào diàn	약국
16	百货大楼	bǎi huò dà lóu	백화점
17	超市	chāo shì	슈퍼마켓
18	电影院	diàn yǐng yuàn	영화관
19	图书馆	tú shū guǎn	도서관
20	博物馆	bó wù guǎn	박물관
21	美术馆	měi shù guǎn	미술관
22	剧场	jù chǎng	극장
23	银行	yín háng	은행
24	自动取款机	zì dòng qǔ kuǎn jī	자동 입출금기
25	酒店	jiǔ diàn	호텔
26	警察局	jǐng chá jú	경찰국
27	邮局	yóu jú	우체국
28	邮筒	yóu tǒng	우체통
29	办公大楼	bàn gōng dà lóu	사무실빌딩
30	电话亭	diàn huà tíng	전화박스
31	照相馆	zhào xiàng guǎn	사진관

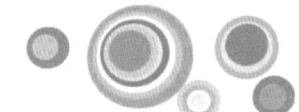

32	花店	huā diàn	꽃집
33	咖啡厅	kā fēi tīng	커피숍
34	电子游戏厅	diàn zǐ yóu xì tīng	전자유희청
35	练歌房	liàn gē fáng	노래방
36	网吧	wǎng bā	pc 방
37	理发店	lǐ fà diàn	미용실
38	酒馆	jiǔ guǎn	술집
39	澡堂	zǎo táng	목욕탕
40	西餐厅	xī cān tīng	레스토랑
41	快餐店	kuài cān diàn	패스트푸드점
42	小吃店	xiǎo chī diàn	분식점
43	路边摊	lù biān tān	노점
44	市场	shì chǎng	시장
45	电线杆	diàn xiàn gān	전신주
46	电线	diàn xiàn	전선
47	天桥	tiān qiáo	육교
48	地下通道	dì xià tōng dào	지하도
49	公交车站	gōng jiāo chē zhàn	버스정류장
50	地铁站	dì tiě zhàn	지하철역
51	地铁入口	dì tiě rù kǒu	지하철 입구
52	公用电话	gōng yòng diàn huà	공중전화
53	商店招牌	shāng diàn zhāo pái	상점 간판
54	交通信号	jiāo tōng xìn hào	교통신호
55	斑马线	bān mǎ xiàn	횡단보도
56	车行道	chē xíng dào	주행차로
57	单行道	dān xíng dào	일방 통행로
58	双行道	shuāng xíng dào	양방 통행로
59	内车道	nèi chē dào	안쪽차로
60	外车道	wài chē dào	바깥쪽차로
61	隔离带	gé lí dài	중앙 분리대
62	高速公路	gāo sù gōng lù	고속도로
63	专用车道	zhuān yòng chē dào	전용차로
64	高架桥	gāo jià qiáo	고가도로
65	十字路口	shí zì lù kǒu	사거리
66	立交桥	lì jiāo qiáo	입체 교차로

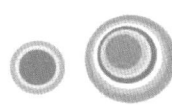

67	柏油马路	bǎi yóu mǎ lù	아스팔트 도로
68	拐角	guǎi jiǎo	길모퉁이
69	信号灯	xìn hào dēng	신호등
70	路标	lù biāo	도로 표지
71	加油站	jiā yóu zhàn	주유소
72	步行区	bù xíng qū	보행자 구역
73	林荫道	lín yīn dào	가로수길
74	停车场	tíng chē chǎng	주차장
75	巷子	xiàng zi	골목
76	路灯	lù dēng	가로등
77	下水道	xià shuǐ dào	하수도
78	井盖	jǐng gài	맨홀 뚜껑
79	消防栓	xiāo fáng shuān	소화전
80	垃圾箱	lā jī xiāng	쓰레기통
81	绿化带	lǜ huà dài	녹지대
82	盲道	máng dào	맹인 전용도로
83	公共厕所	gōng gòng cè suǒ	공중 화장실
84	公园	gōng yuán	공원
85	花园	huā yuán	화원
86	治安亭	zhì ān tíng	치안정
87	报亭	bào tíng	신문잡지 가판점
88	广场	guǎng chǎng	광장
89	喷泉	pēn quán	분수
90	长椅	cháng yǐ	벤치
91	草坪	cǎo píng	잔디밭
92	铺石路	pū shí lù	돌길
93	花坛	huā tán	화단
94	街头表演	jiē tóu biǎo yǎn	버스킹
95	吸烟室	xī yān shì	흡연실
96	LED 显示屏	LED xiǎn shì píng	LED 모니터
97	公告栏	gōng gào lán	게시판
98	围栏	wéi lán	펜스
99	人流	rén liú	인파
100	行人	xíng rén	행인

54 캠핑

순서	중국어	중국어 병음	한국어
1	露营	lù yíng	캠핑
2	房车	fáng chē	캠핑카
3	帐蓬	zhàng péng	텐트
4	睡袋	shuì dài	침낭
5	野营床	yě yíng chuáng	야전침대
6	防潮布	fáng cháo bù	그라운드시트
7	野餐垫	yě cān diàn	돗자리
8	充气垫	chōng qì diàn	에어매트
9	充气枕头	chōng qì zhěn tou	자충베개
10	营地灯	yíng dì dēng	랜턴
11	纸巾	zhǐ jīn	티슈
12	野营板凳	yě yíng bǎn dèng	캠핑 의자
13	毯子	tǎn zi	담요
14	垃圾袋	lā jī dài	쓰레기봉투
15	毛巾	máo jīn	타월
16	镜子	jìng zi	거울
17	梳子	shū zi	빗
18	水杯	shuǐ bēi	컵
19	水瓶	shuǐ píng	물병
20	牙膏	yá gāo	치약
21	牙刷	yá shuā	칫솔
22	洗面奶	xǐ miàn nǎi	클렌징폼
23	护肤品	hù fū pǐn	스킨케어
24	防晒霜	fáng shài shuāng	썬크림
25	湿纸巾	shī zhǐ jīn	물티슈
26	登山鞋	dēng shān xié	등산화
27	拖鞋	tuō xié	슬리퍼
28	袜子	wà zi	양말
29	雨衣	yǔ yī	비옷
30	雨伞	yǔ sǎn	우산
31	防晒服	fáng shài fú	래시가드

32	冲锋衣	chōng fēng yī	바람막이 점퍼
33	速干衣	sù gān yī	쿨맥스 기능성의류
34	帽子	mào zi	모자
35	手套	shǒu tào	장갑
36	太阳镜	tài yáng jìng	선글라스
37	野炊用具	yě chuī yòng jù	취사도구
38	锅	guō	솥
39	燃气炉	rán qì lú	가스버너
40	燃气罐	rán qì guàn	가스통
41	打火机	dǎ huǒ jī	라이터
42	火柴	huǒ chái	성냥
43	盘子	pán zi	접시
44	碗	wǎn	그릇
45	筷子	kuài zi	젓가락
46	勺子	sháo zi	숟가락
47	叉子	chā zi	포크
48	锅铲	guō chǎn	뒤집개
49	食材	shí cái	식자재
50	调味料	tiáo wèi liào	조미료
51	洗洁精	xǐ jié jīng	세제
52	纯净水	chún jìng shuǐ	생수
53	水桶	shuǐ tǒng	물통
54	热水壶	rè shuǐ hú	전기 주전자
55	充电宝	chōng diàn bǎo	보조배터리
56	指南针	zhǐ nán zhēn	지남침
57	手电筒	shǒu diàn tǒng	손전등
58	电池	diàn chí	배터리
59	花露水	huā lù shuǐ	모기 퇴치제
60	蚊香	wén xiāng	모기향
61	药品	yào pǐn	약품
62	望远镜	wàng yuǎn jìng	망원경
63	地图	dì tú	지도
64	烧烤架	shāo kǎo jià	캠핑 그릴
65	菜刀	cài dāo	식칼
66	案板	àn bǎn	도마

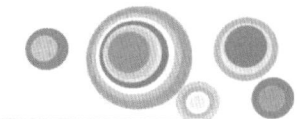

67	暖炉	nuǎn lú	이소히터
68	营地推车	yíng dì tuī chē	캠핑웨건
69	火炉台	huǒ lú tái	화로
70	木炭	mù tàn	목탄
71	天幕	tiān mù	타프
72	蓬杆	péng gān	폴대
73	帐篷装饰挂绳	zhàng péng zhuāng shì guà shéng	가랜드
74	露营地钉	lù yíng dì dīng	단조팩
75	露营绳调节扣	lù yíng shéng tiáo jié kòu	캠핑 스토퍼
76	桌子	zhuō zi	캠핑 테이블
77	收纳箱	shōu nà xiāng	수납박스
78	可折叠箱子	kě zhé dié xiāng zi	폴딩박스
79	音响	yīn xiǎng	스피커
80	登山包	dēng shān bāo	등산 가방
81	腰包	yāo bāo	웨이스트백
82	冷藏箱	lěng cáng xiāng	아이스박스
83	铲子	chǎn zi	부삽
84	吊床	diào chuáng	해먹
85	登山杖	dēng shān zhàng	등산 스틱
86	防风面罩	fáng fēng miàn zhào	방풍마스크
87	登山绳	dēng shān shéng	등산로프
88	瑞士刀	ruì shì dāo	스위스 아미 나이프
89	锤子	chuí zi	망치
90	山地车	shān dì chē	산악자전거
91	小型发电机	xiǎo xíng fā diàn jī	소형발전기
92	木柴	mù chái	캠핑 장작
93	挡风板	dǎng fēng bǎn	바람막이
94	野营架	yě yíng jià	캠핑걸이
95	野营置物架	yě yíng zhì wù jià	캠핑선반
96	对讲机	duì jiǎng jī	무전기
97	鱼竿	yú gān	낚시대
98	鱼饵	yú ěr	미끼
99	钓鱼伞	diào yú sǎn	낚시 파라솔
100	渔具包	yú jù bāo	낚시가방

55 낚시

순서	중국어	중국어 병음	한국어
1	钓鱼	diào yú	낚시
2	垂钓者	chuí diào zhě	낚시군
3	钓场	diào chǎng	낚시터
4	钓鱼用品	diào yú yòng pǐn	낚시 소품
5	夜钓	yè diào	밤 낚시
6	冰钓	bīng diào	얼음 낚시
7	鱼竿	yú gān	낚싯대
8	海竿	hǎi gān	릴대
9	船钓竿	chuán diào gān	선상대
10	海漂竿	hǎi piāo gān	릴찌낚시대
11	铁板竿	tiě bǎn gān	지깅대
12	矶钓竿	fán diào gān	갯바위릴대
13	沙滩竿	shā tān gān	원투릴대
14	手竿	shǒu gān	민장대
15	远抛钓	yuǎn pāo diào	원투 낚시
16	海漂钓	hǎi piāo diào	릴찌 낚시
17	浮漂钓	fú piāo diào	찌낚시
18	路亚钓	lù yà diào	루어 낚시
19	手竿钓	shǒu gān diào	민장대 낚시
20	诱饵笼垂钓	yòu ěr lóng chuí diào	카고 낚시
21	铁板钓（船钓）	tiě bǎn diào (chuán diào)	지깅 낚시
22	潮汐时间	cháo xī shí jiān	물때
23	鱼获	yú huò	조과
24	钓况	diào kuàng	조황
25	涨潮	zhǎng cháo	들물
26	退潮	tuì cháo	날물
27	鱼饵	yú ěr	미끼
28	天然饵料	tiān rán ěr liào	자연 미끼
29	人工鱼饵	rén gōng yú ěr	인조 미끼
30	鱼钩	yú gōu	낚싯바늘

31	钓鱼线	diào yú xiàn	낚시줄
32	钓箱	diào xiāng	태클박스
33	渔轮	yú lún	릴
34	纺车轮	fǎng chē lún	스피닝 릴
35	电动卷线轮	diàn dòng juǎn xiàn lún	전동릴
36	鱼线轮手柄	yú xiàn lún shǒu bǐng	스피닝 릴 핸들
37	电动卷线轮电池	diàn dòng juǎn xiàn lún diàn chí	전동릴 배터리
38	钓椅	diào yǐ	낚시 의자
39	充气钓鱼浮台	chōng qì diào yú fú tái	스카이 수상좌대
40	钓鱼镜	diào yú jìng	낚시 선글라스
41	抄网兜	chāo wǎng dōu	낚시 뜰채
42	草帽	cǎo mào	밀짚모자
43	网纱帽	wǎng shā mào	망사모
44	伞帽	sǎn mào	우산모자
45	钓鱼服	diào yú fú	낚시복
46	冰袖	bīng xiù	쿨 토시
47	钓鱼毛巾	diào yú máo jīn	낚시수건
48	钓鱼手套	diào yú shǒu tào	낚시 장갑
49	救生衣	jiù shēng yī	구명조끼
50	头灯	tóu dēng	헤드랜턴
51	帽灯	mào dēng	캡라이트
52	遮阳伞	zhē yáng sǎn	파라솔
53	渔具包	yú jù bāo	낚시 가방
54	竿包	gān bāo	낚시대 가방
55	饵料盆	ěr liào pén	미끼통
56	多功能箱子	duō gōng néng xiāng zi	멀티 박스
57	支架	zhī jià	받침틀
58	桥筏支架	qiáo fá zhī jià	선상받침대
59	三角支架	sān jiǎo zhī jià	삼각 받침대
60	三叉戟	sān chā jǐ	삼지창
61	荧光棒	yíng guāng bàng	케미
62	荧光棒座	yíng guāng bàng zuò	케미꽂이
63	控鱼器	kòng yú qì	피싱그립
64	别针	bié zhēn	스냅
65	八字环	bā zì huán	도래

66	咬铅	yǎo qiān	봉돌
67	挂环坠	guà huán zhuì	고리봉돌
68	诱鱼粉	yòu yú fěn	집어제
69	太空豆	tài kōng dòu	찌멈춤고무
70	鱼扣	yú kòu	꿰미
71	浮力鱼扣	fú lì yú kòu	부력꿰미
72	失手绳	shī shǒu shéng	스프링줄
73	铅皮	qiān pí	편납
74	鱼护	yú hù	바다통발
75	空心坠	kōng xīn zhuì	유동추
76	圆形铅坠	yuán xíng qiān zhuì	0형 링추
77	虾铲	xiā chǎn	크릴커터
78	漂线挡	piāo xiàn dǎng	찌매듭사
79	棉线挡	mián xiàn dǎng	면매듭사
80	绕线轮	rào xiàn lún	캐스팅릴
81	诱鱼灯	yòu yú dēng	집어등
82	吊桶	diào tǒng	두레박
83	钓鱼帐篷	diào yú zhàng péng	낚시텐트
84	智能探鱼器	zhì néng tàn yú qì	디퍼 스마트 소나
85	绑钩器	bǎng gōu qì	바늘결속기
86	脱钩器	tuō gōu qì	바늘빼기
87	切线器	qiē xiàn qì	라인커터
88	钩鱼器	gōu yú qì	갸프
89	钳子	qián zi	플라이어
90	橡胶环	xiàng jiāo huán	고무링
91	投饵勺	tóu ěr sháo	밑밥주걱
92	迷你铲子	mí nǐ chǎn zi	미니삽
93	淡水鱼	dàn shuǐ yú	민물고기
94	海水鱼	hǎi shuǐ yú	바닷물고기
95	石鲷	shí diāo	돌돔
96	梭鱼	suō yú	가숭어
97	鲅鱼	bà yú	삼치
98	黄花鱼	huáng huā yú	조기
99	鲢鱼	lián yú	연어
100	鲶鱼	nián yú	메기

56 경제

순서	중국어	중국어 병음	한국어
1	经济	jīng jì	경제
2	市场	shì chǎng	시장
3	供给	gōng jǐ	공급
4	产业结构	chǎn yè jié gòu	산업 구조
5	通货紧缩	tōng huò jǐn suō	디플레이션
6	通货膨胀	tōng huò péng zhàng	인플레이션
7	市场支配力	shì chǎng zhī pèi lì	시장 지배력
8	垄断竞争	lǒng duàn jìng zhēng	독점적 경쟁
9	外部性	wài bù xìng	외부성
10	逆向选择	nì xiàng xuǎn zé	역선택
11	边际价值	biān jì jià zhí	한계 가치
12	边际效用	biān jì xiào yòng	한계 효용
13	景气	jǐng qì	호황
14	不景气	bù jǐng qì	불황
15	市场资本总额	shì chǎng zī běn zǒng é	시가총액
16	风险管理	fēng xiǎn guǎn lǐ	리스크 관리
17	信用风险	xìn yòng fēng xiǎn	신용 리스크
18	第一产业	dì yī chǎn yè	제1차 산업
19	第二产业	dì èr chǎn yè	제2차 산업
20	第三产业	dì sān chǎn yè	제3차 산업
21	单一预算制	dān yī yù suàn zhì	단일 예산제
22	单汇率制	dān huì lǜ zhì	단일 환율제
23	主要经济指标	zhǔ yào jīng jì zhǐ biāo	주요 경제 지표
24	宏观经济	hóng guān jīng jì	거시 경제
25	国内生产总值	guó nèi shēng chǎn zǒng zhí	g d P
26	国民生产总值	guó mín shēng chǎn zǒng zhí	g n p
27	供给侧	gōng jǐ cè	공급측
28	长期国债	cháng qī guó zhài	장기 국채
29	利息	lì xī	이자
30	赤字	chì zì	적자
31	顺差	shùn chā	흑자

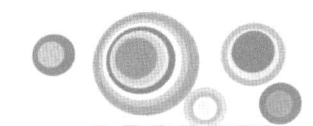

32	保值储蓄	bǎo zhí chǔ xù	원금 보증 저축
33	分期付款	fēn qī fù kuǎn	할부
34	抵押贷款	dǐ yā dài kuǎn	담보 대출
35	住房抵押贷款	zhù fáng dǐ yā dài kuǎn	주택 담보 대부
36	计划经济	jì huà jīng jì	계획 경제
37	指令性计划	zhǐ lìng xìng jì huà	지령적 계획
38	技术密集型	jì shù mì jí xíng	기술 집약형
39	劳动密集型	láo dòng mì jí xíng	노동 집약형
40	经济林	jīng jì lín	경제림
41	流动性风险	liú dòng xìng fēng xiǎn	유동성 리스크
42	内部审计	nèi bù shěn jì	내부 감사
43	市场风险	shì chǎng fēng xiǎn	시장 리스크
44	操作风险	cāo zuò fēng xiǎn	운영 리스크
45	配套政策	pèi tào zhèng cè	지원 정책
46	实际增长率	shí jì zēng zhǎng lǜ	실제 성장률
47	年均增长率	nián jūn zēng zhǎng lǜ	연평균 성장률
48	投资回报率	tóu zī huí bào lǜ	투자 수익율
49	外贸进出口总额	wài mào jìn chū kǒu zǒng é	무역 총액
50	恩格尔系数	ēn gé ěr xì shù	엥겔 계수
51	基尼系数	jī ní xì shù	지니 계수
52	购买力平价法	gòu mǎi lì píng jià fǎ	구매력 평가법
53	经济危机	jīng jì wéi jī	경제 위기
54	经济复苏	jīng jì fù sū	경제 회복
55	泡沫经济	pào mò jīng jì	거품 경제
56	经济规律	jīng jì guī lǜ	경제 법률
57	市场调节	shì chǎng tiáo jié	시장 조절
58	国有企业	guó yǒu qǐ yè	국유 기업
59	集体企业	jí tǐ qǐ yè	협동 기업
60	私营企业	sī yíng qǐ yè	사기업, 개인 기업
61	民营企业	mín yíng qǐ yè	민영 기업
62	中小企业	zhōng xiǎo qǐ yè	중소 기업
63	三资企业	sān zī qǐ yè	삼자 기업
64	上市	shàng shì	상장하다
65	股东	gǔ dōng	주주
66	散股	sǎn gǔ	단주

67	中国证监会	zhōng guó zhèng jiān huì	중국 증권 감독 위원회
68	深圳证券交易所	shēn zhèn zhèng quàn jiāo yì suǒ	심천 증권 거래소
69	上海证券交易所	shàng hǎi zhèng quàn jiāo yì suǒ	상해 증권 거래소
70	综合指数	zōng hé zhǐ shù	종합 지수
71	纳斯达克	nà sī dá kè	나스닥
72	证券市场	zhèng quàn shì chǎng	증권 시장
73	主板市场	zhǔ bǎn shì chǎng	메인 보드
74	金融资本	jīn róng zī běn	금융 자본
75	金融债券	jīn róng zhài quàn	금융 채권
76	金融管制	jīn róng guǎn zhì	금융 통제
77	金融垄断	jīn róng lǒng duàn	금융 지배
78	利息差额	lì xī chā é	이자 차액
79	年度预算	nián dù yù suàn	연도 예산
80	资产负债表	zī chǎn fù zhài biǎo	대차대조표, 자산부채표
81	互惠经济	hù huì jīng jì	호혜 경제
82	经济支柱	jīng jì zhī zhù	경제 동맥, 경제 버팀목
83	自由贸易协定	zì yóu mào yì xié dìng	자유 무역 협정
84	多边贸易协定	duō biān mào yì xié dìng	다자간 무역 협정
85	贸易政策	mào yì zhèng cè	무역 정책
86	贸易救济	mào yì jiù jì	무역 구제
87	经济共同体	jīng jì gòng tóng tǐ	경제 공동체
88	滞纳金	zhì nà jīn	체납금
89	所得税	suǒ dé shuì	소득세
90	出口税	chū kǒu shuì	수출 세금
91	进口附加税	jìn kǒu fù jiā shuì	수입 부가세
92	关税壁垒	guān shuì bì lěi	관세 장벽
93	贫富差距	pín fù chā jù	빈부 격차
94	关税协定	guān shuì xié dìng	관세 협정
95	外汇市场	wài huì shì chǎng	외환 시장
96	知识产权	zhī shī chǎn quán	지적 재산권
97	预算制	yù suàn zhì	예산제
98	原价	yuán jià	원가
99	单利	dān lì	단리
100	信用证	xìn yòng zhèng	신용증

 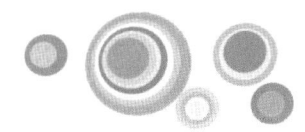

57 회계

순서	중국어	중국어 병음	한국어
1	会计	kuài jì	회계
2	固定资产	gù dìng zī chǎn	고정자산, 유형자산
3	无形资产	wú xíng zī chǎn	무형자산
4	流动资产	liú dòng zī chǎn	유동자산
5	现金	xiàn jīn	현금
6	预付帐款	yù fù zhàng kuǎn	선급금
7	应收帐款	yīng shōu zhàng kuǎn	외상매출금, 매출채권
8	其他应收款	qí tā yīng shōu kuǎn	기타 미수금
9	固定资产原价	gù dìng zī chǎn yuán jià	고정자산 원가
10	库存商品	kù cún shāng pǐn	재고상품
11	生产成本	shēng chǎn chéng běn	제조원가
12	成品	chéng pǐn	완제품
13	半成品	bàn chéng pǐn	반성품
14	存货	cún huò	재고 자산
15	会计账册	kuài jì zhàng cè	회계 장부
16	财务报表	cái wù bào biǎo	재무제표
17	审计报告	shěn jì bào gào	감사보고서
18	月度纳税申报表	yuè dù nà shuì shēn bào biǎo	월별 세무신고서
19	调税表	tiáo shuì biǎo	세무 조정 계산서
20	折旧明细表	zhé jiù míng xì biǎo	감가상각 명세서
21	利息支付清单	lì xī zhī fù qīng dān	지급 이자 명세서
22	记账凭证	jì zhàng píng zhèng	전표
23	产品收发存汇总表	chǎn pǐn shōu fā cún huì zǒng biǎo	제품 수불부
24	原材料明细	yuán cái liào míng xì	원재료 명세서
25	损益表	sǔn yì biǎo	손익계산서
26	股东名册	gǔ dōng míng cè	주주명부
27	高层管理人员名单	gāo céng guǎn lǐ rén yuán míng dān	임원명단, 관리인원 리스트
28	现金流量表	xiàn jīn liú liàng biǎo	현금흐름표
29	成本计算表	chéng běn jì suàn biǎo	원가집계표
30	销售凭证	xiāo shòu píng zhèng	매출전표
31	商业发票	shāng yè fā piào	상업 영수증

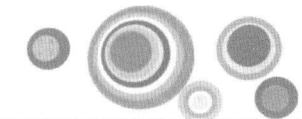

32	提货单	tí huò dān	선하증권, 출고증
33	现金日记账	xiàn jīn rì jì zhàng	현금출납장
34	出口申报单	chū kǒu shēn bào dān	수출신고서
35	海运保单	hǎi yùn bǎo dān	해상 보험 가입 증서
36	原产地证明	yuán chǎn dì zhèng míng	원산지 증명서
37	银行汇票	yín háng huì piào	은행 발행 송금 수표
38	采购订单	cǎi gòu dìng dān	구매 주문서
39	销售合同	xiāo shòu hé tóng	판매 계약서
40	包装明细	bāo zhuāng míng xì	포장 명세서
41	劳务费	láo wù fèi	노무비
42	会计传票	kuài jì chuán piào	회계전표
43	生产日报	shēng chǎn rì bào	생산일보
44	价格表	jià gé biǎo	가격표
45	工资台账	gōng zī tái zhàng	급여대장
46	借方	jiè fāng	차변
47	贷方	dài fāng	대변
48	冲销	chōng xiāo	탕감
49	预收收益	yù shōu shōu yì	선수수익
50	借款	jiè kuǎn	대출, 차입금
51	抵押借款	dǐ yā jiè kuǎn	담보 대출금, 담보 차입금
52	递延收益	dì yán shōu yì	이연 수익
53	分摊	fēn tān	배부, 비용을 균등하게 분담하다
54	股权转让	gǔ quán zhuǎn ràng	지분 양도
55	关联方	guān lián fāng	관계사
56	流动资产	liú dòng zī chǎn	유동자산
57	债务人	zhài wù rén	채무자
58	应付票据	yīng fù piào jù	지급어음
59	应收股利	yīng shōu gǔ lì	미수배당금
60	递延税项	dì yán shuì xiàng	이연법인세
61	利润表	lì rùn biǎo	손익계산서
62	主营业务收入	zhǔ yíng yè wù shōu rù	매출액
63	净利润	jìng lì rùn	당기순이익
64	销项税额	xiāo xiàng shuì é	매출세액
65	进项税额	jìn xiàng shuì é	매입세액
66	抵消	dǐ xiāo	상계제거

67	对外销售成本	duì wài xiāo shòu chéng běn	대외매출원가
68	投资损失	tóu zī sǔn shī	투자손실
69	长期借款	cháng qī jiè kuǎn	장기차입금
70	累计折旧	lěi jì zhé jiù	감가상각누계액
71	工程物资	gōng chéng wù zī	공사 원재료
72	长期待摊费用	cháng qī dài tān fèi yòng	장기선급비용
73	长期投资合计	cháng qī tóu zī hé jì	투자자산합계
74	所有者权益	suǒ yǒu zhě quán yì	자본
75	实收资本净额	shí shōu zī běn jìng é	자본금 순액
76	债务重组损失	zhài wù chóng zǔ sǔn shī	채무 재조정 손실
77	储备基金	chǔ bèi jī jīn	저비기금
78	未交增值税	wèi jiāo zēng zhí shuì	미납증치세
79	分部报表	fēn bù bào biǎo	사업부문별 보고서
80	低值易耗品	dī zhí yì hào pǐn	저가소모품
81	负债	fù zhài	부채
82	资本公积	zī běn gōng jī	자본공적
83	在建工程	zài jiàn gōng chéng	건설중인 자산
84	公允价值	gōng yǔn jià zhí	공정가액/공정가치
85	公允价值变动损益	gōng yǔn jià zhí biàn dòng sǔn yì	공정가액변동수익
86	坏账准备	huài zhàng zhǔn bèi	대손충당금
87	永续债	yǒng xù zhài	영구채
88	调整因素	tiáo zhěng yīn sù	조정요소
89	汇兑损失	huì duì sǔn shī	외환차손
90	汇兑差额	huì duì chā é	외환차이
91	减值	jiǎn zhí	손상, 가치가 감소되다.
92	往来账	wǎng lái zhàng	오픈 어카운트, 거래내역 장부
93	交易性金融资产	jiāo yì xìng jīn róng zī chǎn	단기매매금융자산
94	交易性金融负债	jiāo yì xìng jīn róng fù zhài	단기매매금융부채
95	加权	jiā quán	가중하다
96	年报	nián bào	사업보고서
97	半年报	bàn nián bào	반기보고서
98	会计师	kuài jì shī	회계사
99	注册会计师	zhù cè kuài jì shī	공인회계사
100	会计事务所	kuài jì shì wù suǒ	회계사무소

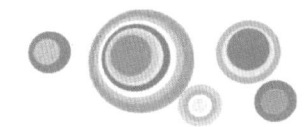

58 보험

순서	중국어	중국어 병음	한국어
1	保险	bǎo xiǎn	보험
2	保险公司	bǎo xiǎn gōng sī	보험회사
3	中国人民保险公司	zhōng guó rén míng bǎo xiǎn gōng sī	PICC 보험회사
4	投保人	tóu bǎo rén	보험가입자
5	受益人	shòu yì rén	수혜자
6	保险经纪人	bǎo xiǎn jīng jì rén	보험중개인
7	保险推销员	bǎo xiǎn tuī xiāo yuán	보험판매원
8	理赔师	lǐ péi shī	손해 사정인
9	保险精算师	bǎo xiǎn jīng suàn shī	보험계리인
10	肇事者	zhào shì zhě	가해자
11	团体保险	tuán tǐ bǎo xiǎn	단체보험
12	投资型保险	tóu zī xíng bǎo xiǎn	투자형보험
13	投保	tóu bǎo	보험가입
14	投保单	tóu bǎo dān	보험증서
15	保险期	bǎo xiǎn qī	보험기간
16	保险合同	bǎo xiǎn hé tóng	보험계약
17	保险条款	bǎo xiǎn tiáo kuǎn	보험조항
18	保险索赔	bǎo xiǎn suǒ péi	보험금청구
19	索赔时效	suǒ péi shí xiào	지급소멸시효
20	保险单	bǎo xiǎn dān	보험증권
21	保险单据	bǎo xiǎn dān jù	보험서류
22	保险金	bǎo xiǎn jīn	보험금
23	保险费	bǎo xiǎn fèi	보험료
24	预付保费	yù fù bǎo fèi	선납금
25	受益份额	shòu yì fèn é	배당수익률
26	人寿保险	rén shòu bǎo xiǎn	생명보험
27	人身保险	rén shēn bǎo xiǎn	개인보험
28	养老保险	yǎng lǎo bǎo xiǎn	양로보험
29	商业保险	shāng yè bǎo xiǎn	상업보험
30	汽车保险	qì chē bǎo xiǎn	자동차보험
31	少儿保险	shào ér bǎo xiǎn	어린이보험

32	意外事故保险	yì wài shì gù bǎo xiǎn	사고보험
33	年金保险	nián jīn bǎo xiǎn	연금보험
34	航空保险	háng kōng bǎo xiǎn	항공보험
35	船舶保险	chuán bó bǎo xiǎn	선박보험
36	渔业保险	yú yè bǎo xiǎn	어업보험
37	农业保险	nóng yè bǎo xiǎn	농업보험
38	火灾保险	huǒ zāi bǎo xiǎn	화재보험
39	旅游保险	lǚ yóu bǎo xiǎn	여행보험
40	留学生保险	liú xué shēng bǎo xiǎn	유학생보험
41	疾病保险	jí bìng bǎo xiǎn	건강보험
42	重大疾病保险	zhòng dà jí bìng bǎo xiǎn	CI 보험
43	死亡保险	sǐ wáng bǎo xiǎn	사망보험
44	生育保险	shēng yù bǎo xiǎn	태아보험
45	家财险	jiā cái xiǎn	주택보험
46	快递运输保险	kuài dì yùn shū bǎo xiǎn	우편화물운송보험
47	产权险	chǎn quán xiǎn	권원보험
48	终身保险	zhōng shēn bǎo xiǎn	종신보험
49	失业保险	shī yè bǎo xiǎn	실업보험
50	双重保险	shuāng chóng bǎo xiǎn	이중보험
51	再保险	zài bǎo xiǎn	재보험
52	生命表	shēng mìng biǎo	생명표
53	可调整保单	kě tiáo zhěng bǎo dān	조정보험
54	累积风险	lěi jī fēng xiǎn	누적위험
55	老龄化指数	lǎo líng huà zhǐ shù	노령화지수
56	年度保险费	nián dù bǎo xiǎn fèi	연납보험료
57	确定年金	què dìng nián jīn	확정연금
58	投保年龄	tóu bǎo nián líng	가입연령
59	不可抗力	bù kě kàng lì	불가항력
60	退保	tuì bǎo	보험금환급
61	危险因素	wēi xiǎn yīn sù	해저드
62	损害补偿	sǔn hài bǔ cháng	피해보상
63	险种	xiǎn zhǒng	보험상품
64	续期保费	xù qī bǎo fèi	보험기간연장
65	在线投保	zài xiàn tóu bǎo	인터넷 보험가입
66	暂保单	zàn bǎo dān	가계약

67	增值条款	zēng zhí tiáo kuǎn	증가가치조항
68	保险欺诈	bǎo xiǎn qī zhà	보험사기
69	追偿	zhuī cháng	구상
70	补贴	bǔ tiē	보조금
71	偿付能力	cháng fù néng lì	변상 능력
72	定损人员	dìng sǔn rén yuán	손해사정인
73	定期保险	dìng qī bǎo xiǎn	정기보험
74	风险管理	fēng xiǎn guǎn lǐ	리스크 매니지먼트
75	过失责任	guò shī zé rèn	과실책임
76	保险责任范围	bǎo xiǎn zérèn fàn wéi	보험적용범위
77	合同解除	hé tóng jiě chú	계약해지
78	红利	hóng lì	배당금
79	监护人	jiān hù rén	보호자
80	结汇	jié huì	외환결제
81	保险费率	bǎo xiǎn fèi lǜ	보험비율
82	利润结构	lì rùn jié gòu	수익구조
83	免赔额条款	miǎn péi é tiáo kuǎn	소손책 면책 약관
84	免费保险	miǎn fèi bǎo xiǎn	무료보험
85	名义变更	míng yì biàn gēng	명의변경
86	危险保证保险单	wéi xiǎn bǎo zhèng bǎo xiǎn dān	위험담보증권
87	净保费	jìng bǎo fèi	순보험료
88	绝对全损	jué duì quán sǔn	현실전손
89	逆反选择	nì fǎn xuǎn zé	역선택
90	全险	quán xiǎn	전위험 담보
91	概保单	gài bǎo dān	총괄보험증서
92	批单	pī dān	배서
93	投存	tóu cún	지급준비금
94	税款抵扣	shuì kuǎn dǐ kòu	세금공제
95	税收优惠政策	shuì shōu yōu huì zhèng cè	세금우대정책
96	税务登记	shuì wù dēng jì	세무보고
97	税种	shuì zhǒng	세목
98	分派风险制度	fēn pài fēng xiǎn zhì dù	불량위험 할당제도
99	保险直销公司	bǎo xiǎn zhí xiāo gōng sī	직판보험사
100	国际海上保险联盟	guó jì hǎi shàng bǎo xiǎn lián méng	국제해상보험연맹（IUMI）

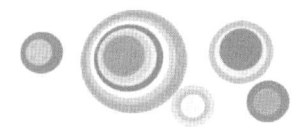

59 외교

순서	중국어	중국어 병음	한국어
1	外交	wài jiāo	외교
2	公共外交	gōng gòng wài jiāo	공공외교
3	外交官	wài jiāo guān	외교관
4	大使馆	dà shǐ guǎn	대사관
5	外交签证	wài jiāo qiān zhèng	외교비자
6	外交权	wài jiāo quán	외교권
7	领事馆	lǐng shì guǎn	영사관
8	秘书长	mì shū zhǎng	사무총장
9	国务卿	guó wù qīng	국무장관
10	理事会	lǐ shì huì	이사회
11	安理会	ān lǐ huì	안전보장이사회
12	峰会	fēng huì	정상 회담
13	国际法庭	guó jì fǎ tíng	국제사법재판소
14	国际习惯法	guó jì xí guàn fǎ	국제관습법
15	国际法	guó jì fǎ	국제법
16	常任理事国	cháng rèn lǐ shì guó	상임이사국
17	超级大国	chāo jí dà guó	초강대국
18	欧盟	ōu méng	유럽 연합
19	东盟	dōng méng	동남 아시아 국가 연합
20	国际红十字会	guó jì hóng shí zì huì	국제적십자사
21	国际调查委员会	guó jì diào chá wěi yuán huì	국제조사위원회
22	联合国	lián hé guó	유엔
23	联合国宪章	lián hé guó xiàn zhāng	유엔헌장
24	友好条约	yǒu hǎo tiáo yuē	우호조약
25	制裁措施	zhì cái cuò shī	제재조치
26	国际秩序	guó jì zhì xù	국제 질서
27	国际地位	guó jì dì wèi	국제위상
28	国际形势	guó jì xíng shì	국제 정세
29	国际公约	guó jì gōng yuē	국제 공약
30	国际政治	guó jì zhèng zhì	국제 정치

31	国际体制	guó jì tǐ zhì	국제 체제
32	多边关系	duō biān guān xì	다자 관계
33	多边协定	duō biān xié dìng	다자 협정
34	多边会谈	duō biān huì tán	다자 회담
35	招待会	zhāo dài huì	리셉션
36	教皇特使	jiào huáng tè shǐ	교황특사
37	国宾访问	guó bīn fǎng wèn	국빈방문
38	APEC	APEC	아시아 태평양 경제 협력체
39	正式访问	zhèng shì fǎng wèn	공식방문
40	友好访问	yǒu hǎo fǎng wèn	우호방문
41	短期访问	duǎn qī fǎng wèn	단기방문
42	国事访问	guó shì fǎng wèn	국가방문
43	维和部队	wéi hé bù duì	평화 유지군
44	维和行动	wéi hé xíng dòng	평화 유지 활동
45	邦交	bāng jiāo	국교
46	邦交正常化	bāng jiāo zhèng cháng huà	국교 정상화
47	断交	duàn jiāo	국교단절
48	恢复外交关系	huī fù wài jiāo guān xì	국교 관계 복원
49	经济制裁	jīng jì zhì cái	경제 제재
50	经济封锁	jīng jì fēng suǒ	경제 봉쇄
51	利害关系	lì hài guān xì	이해 관계
52	鸡尾酒会	jī wěi jiǔ huì	칵테일파티
53	建国	jiànguó	건국
54	建交	jiàn jiāo	수교
55	致贺	zhì hè	치하
56	周旋	zhōu xuán	알선
57	会见	huì jiàn	회견
58	会谈	huì tán	회담
59	内政	nèi zhèng	내정
60	牵制	qiān zhì	견제
61	交涉	jiāo shè	교섭
62	破裂	pò liè	결렬
63	决议	jué yì	결의
64	任命	rèn mìng	임명
65	就职	jiù zhí	부임

 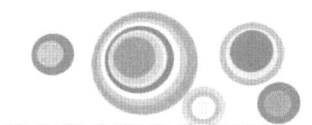

66	主权	zhǔ quán	주권
67	国土面积	guó tǔ miàn jī	국토 면적
68	领土	lǐng tǔ	영토
69	领海	lǐng hǎi	영해
70	领空	lǐng kōng	영공
71	主权国	zhǔ quán guó	주권국
72	最惠国	zuì huì guó	최혜국
73	和平共处	hé píng gòng chǔ	평화공존
74	平等互利	píng děng hù lì	호혜평등
75	和平谈判	hé píng tán pàn	평화회담
76	对外援助	duì wài yuán zhù	대외원조
77	边界冲突	biān jiè chōng tū	경계충돌
78	外交交涉	wài jiāo jiāo shè	외교 교섭
79	外交提案	wài jiāo tí àn	외교 제안
80	外交制裁	wài jiāo zhì cái	외교 제재
81	互通有无	hù tōng yǒu wú	유무상통
82	互不干涉	hù bù gān shè	상호 불간섭
83	慰问电	wèi wèn diàn	위문 전화
84	慰问信	wèi wèn xìn	위문 편지
85	责任豁免权	zé rèn huò miǎn quán	면책 특권
86	否决权	fǒu jué quán	거부권
87	公文	gōng wén	공문
88	公约	gōng yuē	공약
89	草签	cǎo qiān	가서명
90	联合新闻稿	lián hé xīn wén gǎo	공동 보도문
91	共同宣言	gòng tóng xuān yán	공동 선언문
92	共同声明	gòng tóng shēng míng	공동 성명서
93	军备竞赛	jūn bèi jìng sài	군비 경쟁
94	军事冲突	jūn shì chōng tū	군사적 충돌
95	全球主义	quán qiú zhǔ yì	글로벌리즘
96	全球化	quán qiú huà	글로벌화
97	共同体	gòng tóng tǐ	공동체
98	国际合作处	guó jì hé zuò chù	국제협력처
99	国际会议	guó jì huì yì	국제 회의
100	国际货币基金组织	guó jì huò bì jī jīn zǔ zhī	국제통화기금

 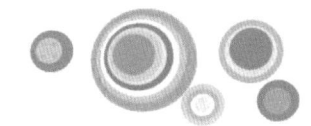

60 면접

순서	중국어	중국어 병음	한국어
1	面试	miàn shì	면접
2	招聘	zhāo pìn	모집
3	截止	jié zhǐ	마감
4	简历	jiǎn lì	이력서
5	简历模板	jiǎn lì mú bǎn	이력서 템플릿
6	简历格式	jiǎn lì gé shì	이력서 양식
7	个人信息	gè rén xìn xī	개인 정보
8	自我介绍	zì wǒ jiè shào	자기소개
9	申请表	shēn qǐng biǎo	신청서
10	应聘者	yìng pìn zhě	지원자
11	推荐信	tuī jiàn xìn	추천서
12	面试时间	miàn shì shí jiān	면접시간
13	面试地点	miàn shì dì diǎn	면접장
14	面试服装	miàn shì fú zhuāng	면접 복장
15	名字	míng zi	이름
16	手机号	shǒu jī hào	핸드폰번호
17	住址	zhù zhǐ	주소
18	电子邮箱	diàn zǐ yóu xiāng	E-MAil
19	在职期间	zài zhí qī jiān	재직 기간
20	外国语能力	wài guó yǔ néng lì	외국어 능력
21	希望工种	xī wàng gōng zhǒng	희망 직종
22	现在就业状态	xiàn zài jiù yè zhuàng tài	현 취업 상태
23	婚否	hūn fǒu	혼인 여부
24	希望工作地	xī wàng gōng zuò dì	희망 근무지
25	希望职务	xī wàng zhí wù	희망 직책
26	个人(工作)经历	gè rén (gōng zuò) jīng lì	경력사항
27	工作单位	gōng zuò dān wèi	근무처
28	职员	zhí yuán	직원
29	应届毕业生	yīng jiè bì yè shēng	당해 졸업생
30	工资	gōng zī	급료
31	希望薪资	xī wàng xīn zī	희망 급여

32	年薪	nián xīn	연봉
33	月薪	yuè xīn	월급
34	基本工资	jī běn gōng zī	기본 급여
35	最低工资	zuì dī gōng zī	최저 임금
36	面议	miàn yì	면접시 협의
37	最终学历	zuì zhōng xué lì	최종 학력
38	工作能力事项	gōng zuò néng lì shì xiàng	업무 능력 사항
39	计算机运用能力	jì suàn jī yùn yòng néng lì	컴퓨터 활용 능력
40	其它资格证书	qí tā zī gé zhèng shū	기타 자격증
41	驾驶执照	jià shǐ zhí zhào	운전 면허증
42	就业年龄	jiù yè nián líng	취업 연령
43	就业条件	jiù yè tiáo jiàn	취직 조건
44	入职	rù zhí	입사(하다)
45	学历	xué lì	학력
46	专业	zhuān yè	전공
47	能力	néng lì	능력
48	性格	xìng gé	성격
49	学校名	xué xiào míng	학교명
50	毕业	bì yè	졸업(하다)
51	工种	gōng zhǒng	직종
52	人事	rén shì	인사
53	空缺	kòng quē	공석
54	二次面试	èr cì miàn shì	이차 면접
55	合格者	hé gé zhě	합격자
56	合格通知书	hé gé tōng zhī shū	잡 오퍼
57	免试录用	miǎn shì lù yòng	무시험 채용
58	面试官	miàn shì guān	면접관
59	新职员	xīn zhí yuán	신입사원
60	雇主	gù zhǔ	고용주
61	劳动力	láo dòng lì	노동력
62	正式员工	zhèng shì yuán gōng	정규직
63	合同工	hé tóng gōng	계약직
64	兼职生	jiān zhí shēng	알바생
65	实习生	shí xí shēng	인턴
66	工作时长	gōng zuò shí cháng	근무 시간

67	上班时间	shàng bān shí jiān	출근 시간
68	下班时间	xià bān shí jiān	퇴근 시간
69	全职	quán zhí	상근직, 풀타임
70	兼职	jiān zhí	아르바이트
71	轮班	lún bān	교대
72	夜班	yè bān	야간 근무
73	加班	jiā bān	초과 근무
74	假期	jià qī	휴가
75	病假	bìng jià	병가
76	产假	chǎn jià	출산 휴가
77	上司	shàng si	상사
78	下属	xià shǔ	부하 직원
79	无业游民	wú yè yóu mín	백수
80	自由职业者	zì yóu zhí yè zhě	프리랜서
81	就业	jiù yè	취업(하다)
82	求职	qiú zhí	구직(하다)
83	职位	zhí wèi	직위
84	人才中心	rén cái zhōng xīn	취업 센터
85	人才招聘会	rén cái zhāo pìn huì	취업 박람회
86	猎头公司	liè tóu gōng sī	헤드 헌팅 회사
87	求职网站	qiú zhí wǎng zhàn	구직 사이트
88	职业前景	zhí yè qián jǐng	직업 전망
89	合同	hé tóng	계약서
90	试用期	shì yòng qī	인턴 기간
91	业务报告	yè wù bào gào	업무 보고
92	会议	huì yì	회의
93	奖金	jiǎng jīn	보너스
94	绩效薪酬	jì xiào xīn chóu	성과급
95	退休金	tuì xiū jīn	퇴직금
96	差旅费	chāi lǚ fèi	출장비용
97	加班费	jiā bān fèi	초과 근무 수당
98	工资结构	gōng zī jié gòu	급여 구조
99	生活津贴	shēng huó jīn tiē	생활수당
100	交通补贴	jiāo tōng bǔ tiē	교통비 보조금

드림중국어 1:1 화상 수업

드림중국어 원어민 수업 체험 예약 (30분)

QR 코드를 스캔해서 중국어 수업을 체험 신청하세요.

(네이버 아이디로 들어감)

ZOOM 1:1 수업, 휴대폰/태블릿/컴퓨터로 수업 가능

드림중국어 대면 수업

드림중국어 인천 **청라점**
주소:　　　　인천 청라국제도시
상담 전화:　　032-567-6880

드림중국어 강남 **대치동점**
주소:　　　　서울시 강남구 대치동
상담 전화:　　010-5682-6880

<드림중국어 시리즈 교재>

책 제목	책 제목
드림중국어 왕초보 탈출 1 (HSK 1급)	드림중국어 YCT 1-4급 실전 모의고사 (세트)
드림중국어 왕초보 탈출 2 (HSK 2급)	드림중국어 YCT 회화 (초급) 실전 모의고사
드림중국어 중급 듣기 1 (HSK 3급)	드림중국어 YCT 회화 (중급) 실전 모의고사
드림중국어 초급 회화 600 (HSK 3급)	드림중국어 HSK 1-6급 실전 모의고사 (세트)
드림중국어 중급 회화 600 (HSK 4-5급)	드림중국어 HSKK 초급 실전 모의고사
드림중국어 고급 회화 800 (HSK 5-6급)	드림중국어 HSKK 중급 실전 모의고사
드림중국어 신 HSK 초.중급 필수 단어	드림중국어 HSKK 고급 실전 모의고사
드림중국어 신 HSK 고급 필수 단어	드림중국어 수능 기출 문제집 (세트)
드림중국어 신 HSK 초급 문법	드림중국어 수능 대비 문제집 (세트)
드림중국어 신 HSK 중급 문법	드림중국어 실용 회화 시리즈 (세트)
드림중국어 신 HSK 고급 문법	드림중국어 수능 단어 총정리 (세트)
드림중국어 한자쓰기 초.중급	드림중국어 중국 어린이 동요 100 (세트)
드림중국어 한자쓰기 중급/고급 (세트)	드림중국어 중국 어린이 시 100
드림중국어 중급 읽기 1-4 (중국 문화 이야기)	드림중국어 중국 시 100
드림중국어 고급 읽기 1-2 (중국 문화 이야기)	드림중국어 중국 명인 명언 100 (세트)
드림중국어 SAT2 대비 문제집 (세트)	드림중국어 MCT (의학 중국어 시험) 단어
드림중국어 고급 회화 1 (TSC, HSKK 고급)	중국 아이들이 좋아하는 동화 이야기 (세트)
드림중국어 고급 단어 5000 (HSK 1-6급)	드림중국어 중국 인기 노래 100 (세트)

<드림중국어> 출판사 전화: 010-9853-6588